**HOW CAN BUSINESS
BE EXPLAINED AS LOVE?**

비즈니스는
사랑입니다

비즈니스는 사랑입니다

초판 1쇄 2025년 3월 31일

| 발 행 일 | 2025년 3월 31일
| 펴 낸 이 | 김경민
| 펴 낸 곳 | (주)가인지캠퍼스

| 지 은 이 | 김경민
| 디 자 인 | 이 현, 강은지
| 일러스트 | 유하림, 강은지
| 책임편집 | 손창훈, 김나연
| 교정교열 | 김진솔, 박 진

| 출판등록 | 2016년 12월 22일 제2022-000252호
| 주   소 | 서울시 마포구 토정로 16 2층 가인지벙커
| 전   화 | T. 02) 337-0691
| 팩   스 | T. 02) 337-0691
| 홈페이지 | www.gainge.com
| 이 메 일 | gainge.cs@gainge.com
| I S B N | 979-11-91662-19-1 (03320)

* 파본이나 잘못된 책은 구입하신 곳에서 교환해 드립니다.
* 이 책의 저작권은 가인지컨설팅그룹에 있습니다.
  이 책 내용의 전부 또는 일부를 재사용하려면 반드시 서면 동의를 받아야 합니다.
* 이 도서의 국립중앙도서관 출판예정도서목록(CIP)은
  서지정보유통지원시스템 홈페이지(http://seoji.nl.go.kr)와
  국가자료공동목록시스템(http://www.nl.go.kr/kolisnet)에서 이용하실 수 있습니다.

비즈니스는 사랑입니다

김경민 지음

HOW CAN
BUSINESS
BE EXPLAINED
AS LOVE?

가인지컨설팅그룹

| 저자 소개 |

김경민 [로빈]

김경민 대표는 '경영'에 대한 근본적인 질문을 던지는 사람이다.
"어떻게 하면 더 많은 기업이 지속가능한 성공을 거둘 수 있을까?"
그는 이 질문의 답을 찾기 위해 지난 24년 동안 20개국, 4,000개 이상의 기업들과 현장에서 직접 고민하고 실험하며 끊임없이 개선해왔다.

이랜드그룹의 인사팀장, 전략기획실, 사회공헌팀장 등 다양한 역할을 맡아온 그는 수많은 기업의 성공과 실패를 가장 가까이에서 목격했다. 그 과정에서 가치경영, 인재경영, 지식경영을 통합한 '가인지경영'이라는 독자적이고 실천적인 경영방법론을 개발했다. 이는 기업들이 더 빠르게 성장하고, 더 효율적으로 일하며, 더 의미 있는 성과를 지속적으로 낼 수 있도록 돕는 '검증된 시스템'이다.

특히 전체 기업의 95%를 차지하는, 100인 이하의 '언더백(U-100) 기업'들이 자신만의 건강한 조직문화와 이익구조를 구축하도록 돕는 데 헌신하고 있다. 현장에서 필요로 하는 실천 메뉴를 80가지 이상 제시하고, 컨설턴트를 직접 기업에 파견하여 현장의 문제를 빠르게 해결한다. 더불어 온라인 영상 플랫폼인 '가인지캠퍼스'를 통해 언제 어디서나 쉽게 배울 수 있도록 돕고 있다.

그의 경영 철학은 단순하고 명확하다.
"비즈니스는 사랑이다."
기업은 이윤만을 위해 존재하는 것이 아니라, 사람을 성장시키고 서로의 삶에 기여하며 함께 발전해 나가는 공동체라는 믿음이다. 김경민 대표는 이 철학을 수많은 기업과 함께 실천하며 현실 속에서 증명해왔다.

저서로는 경영의 본질을 실천적으로 풀어낸 『가인지경영』을 비롯해, 조직문화 혁신의 열쇠를 다룬 『성공의 숨겨진 비밀 피드백』, 명확한 전략 수립을 안내하는 『전략수립 W모델』, 진정한 리더십의 본질을 담은 『공적리더십』 등이 있다.

지속 가능한 성장, 자율적인 조직문화, 그리고 경영의 본질을 고민하는 리더들에게 그의 책은 실질적인 변화를 만들어줄 확실한 안내서가 되어줄 것이다.

| 프롤로그 |

"비즈니스가 사랑이라는 게 말이 됩니까?"

　우리는 목적과 결과를 종종 섞어 버립니다. 약국의 목적이 약을 팔아서 이익을 남기는 것이 아니라 사람들의 건강을 돕는 것인 것입니다. 비즈니스의 목적은 고객가치를 만드는 것이고, 이익을 남기는 것은 그 결과로 얻어지는 것입니다. 정당의 존재 목적이 정권창출이 아니라 국민들을 섬기는 것이고, 그 결과로 정권을 얻게 되는 것과 마찬가지입니다.

　존경받는 미국의 CEO이자 피터 드러커 재단의 이사장이었던 프랜시스 헤셀바인은 그녀의 책, '일은 사랑이다'에서 '창밖을 바라볼 때 다른 사람들에게는 보이지 않지만 여러분이 볼 수 있는 것은 무엇인가?'라고 질문하면서 이 사회의 진정한 변화를 만들어 내는 것은 비즈니스의 경영자라고 안내합니다. 비즈니스 세계에서 경영자는 이 세상에 존재하는 문제를 이전에 없던 방식으로 지속가능한 방법으로 해결해주는 사람입니다. 다른 사람들에게는 그냥 지나칠 수 있는 문제를 깊게 바라보고 그 문제를 해결 해 주는 것을 소명으로 생각하고 풀어 가는 것입니다.

이십 여 년 동안 다양한 국가에서 제가 만나고 있는 경영자들은 그런 사람들이었습니다. 기술이나 지역적인 차이, 혹은 어떤 방법이나 도구 등에 의해서 아직 해결 되지 않은 고객의 욕구와 니즈를 새로운 방식으로 해결해 주려 애쓰는 사람들을 보면 저는 사랑을 느낍니다. 고객에게 맛있는 커피를 제공하기 위해서 밤에 영업을 끝내고 다시 커피 레시피를 연구하는 카페 사장님부터 심장의 특정한 초음파를 파악해서 질병을 조기에 진단하고자 연구하는 의료기기 회사의 직원들에 이르기까지 아침에 출근하는 모든 이의 발걸음이 사랑의 발걸음이 되길 빕니다. 그런 발걸음들이 모여서 우리는 옷을 입고, 식사를 하며, 따뜻한 이불 속에 잠을 자고, 관광지에서 결정을 보며 탄성을 지르기도 하고, 몰랐던 것을 배우기도 하며, 사랑하는 이로부터 멋진 선물도 받습니다.

이 책은 비즈니스 리더를 위한 책입니다. 또한 나의 일이 사랑이 되길 바라는 모든 이들을 위한 것이기도 합니다. 책의 1장과 2장에서는 리더십에 도움이 되는 내용들을 모았고, 3, 4, 5장에서는 가치와 인재, 그리고 지식 리더십에 관한 이해와 방법을 담았습니다. 그리고 6장에서는 조직을 이끄는 리더들을 위한 조언을 담았습니다. 이 내용들은 그동안 제가 다양한 공간에서 강의했던 것들 중에서 가장 자주 이야기 했던 것들을 모은 것입니다. 그리고 이번 출간에 앞서 새롭게 내용을 보완하고 편집자와 조정한 것입니다. 이 책이 독자 여러분의 삶과 출근길에 힘과 지혜가 되길 빕니다.

How can business be explained as love?

| 목차 |

프롤로그

1부
비즈니스는 **사랑**입니다
1. 세상을 변화시키는 기업의 힘   17
2. 성장하는 기업, 즐거움으로 일하다   21
3. 새벽 4시에 빵공장에서 밀가루 포대를 트는 일의 힘   31

2부
리더십: 함께하는 사람들을 성공시켜 주는 것   37

3부
가치: 우리는 무엇으로 일하는가?
1. 사람은 무엇으로 일하는가   85
2. 그 때 그 상사는 왜 그랬을까?   97
3. 좋은 회사에 대한 기준은 계속 바뀌어 왔다   105
4. 비즈니스는 세상의 문제를 기업을 통해 해결해 주는 것   115

4부
인재: 관리의 시대가 아닌 관계의 시대
1. '일'이 학습과 성장이 된다면?   127
2. 직급과 상관없이 전직원의 잠재력을 이끌어내는 전략   139
3. 나잇값, 직급값, 경력값 좀 해!   149
4. 3년 묵은 도라지를 생각하라!   159

5부

지식: 10년 된 회사, 10년의 지식이 있는가?

1. 성장하는 조직의 숨겨진 비밀, 피드백   169
2. 잘되는 회사의 비결: 다양하게 시도하고 잘 되는 것에 집중한다   177
3. 10년 된 회사, 10년의 지식이 있는가?   185
4. 선택과 집중이 필요하다   193
5. 10배의 효과를 내는 '이 시기'를 잡아라!   203

6부

성장: 사람은 성과를 통해 성장한다

1. 성장의 한계가 느껴질 땐 스스로에게 질문을 던져라   213
2. 변화하는 세상 속 경영자의 시선도 변화해야 한다   225
3. 일의 의미와 성장을 지속적으로 강조해야 하는 이유   231
4. 역경을 이겨내는 경영자의 실력은 어디서 오는가?   249
5. 삶으로 가르치는 것만 남는다   257
6. 열심히 일하던 그 직원은 왜 퇴사했을까?   265

부록

조직운영을 위한 21가지 조언   281

에필로그

Business is Love →

| 1부 |

비즈니스는 사랑입니다

일은 당신이 남에게 전하는
사랑의 가장 구체적 표현일 수 있습니다.

칼릴 지브란(Kahlil Gibran),
1923년 시집 《예언자(The Prophet)》 중

| PART 1-1 |

세상을 변화시키는 기업의 힘

"비즈니스는 사랑입니다."

  2023년 가을, 건국대학교 새천년기념관에서 열린 컨퍼런스에서 1,000명의 경영자들이 모였습니다. 그 자리에서 제가 강의 중 "사랑하는 경영자 여러분! 비즈니스는"이라고 외친 뒤 잠시 숨을 멈추었습니다. 그 순간, 모든 경영자가 "사랑입니다."라고 화답했을 때, 다리가 풀릴 정도로 감사한 마음이 들었습니다. 이 책은 보다 많은 경영자들이 경영 자체의 즐거움과 보람을 느끼면서 행복하게 일하도록 돕는 것을 목적으로 정리되었습니다.
  비즈니스는 사람과 사람의 관계 속에서 피어나는 사랑의 또 다른 이름입니다. 이 문장은 다소 이상적으로 들릴 수도 있습니다. 하지만 지난 24년간 경영자로서 현장에서 느낀 경험들은 이 진리가 얼마나 중요한지를 깨닫게 했습니다. 비즈니스는 단순히 돈을 벌기 위한 도구가 아닙니다. 그것은 사람들의 삶을 변화시키고, 함께 성장하는 여정입니다. 이 글은 그 여정에서 느낀 제 솔직한 고백이자, 사랑에 대한 이야기입니다.

비즈니스는 사람을 만나는 일

비즈니스 현장에서 수많은 경영자와 직원들을 만나면서 가장 크게 깨달은 것은 "경영은 사람을 위한 것"이라는 단순한 진리입니다. 많은 경영자가 말하는 "성과"와 "목표"의 이면에는 언제나 사람이 있습니다. 함께 일하는 동료, 우리를 신뢰해 주는 고객, 그리고 그 모두가 속한 사회. 경영은 결국 사람의 마음을 움직이는 일이며, 그 중심에는 사랑이 있어야 합니다.

사랑은 뜬구름 잡는 이야기가 아닙니다. 때로는 잔소리 같고, 때로는 눈물을 동반하는 솔직한 대화입니다. 직원이 목표를 달성하지 못했을 때, 그의 어려움을 이해하고 함께 해결책을 찾아가는 것이 사랑입니다. 고객이 제품에 불만을 제기했을 때, 변명하지 않고 귀를 기울이는 것도 사랑입니다. 비즈니스는 관계의 연속이며, 관계는 사랑 없이는 지속될 수 없습니다.

가치를 통해 사랑을 전하다

비즈니스를 사랑으로 보는 '가치주의'는 단순히 회사의 철학이 아니라 제가 경영을 바라보는 새로운 렌즈가 되었습니다. 비즈니스는 거래로 끝나지 않습니다. 우리의 제품과 서비스가 고객의 삶에 어떤 영향을 미치는지,

조직 구성원이 자기 일에 얼마나 가치를 느끼는지가 진정한 성과의 척도가 됩니다.

국내외의 많은 경영자들을 만나왔습니다. 정성껏 국밥 한 그릇을 만들어 손님이 맛있게 먹는 모습을 보며 행복을 느끼는 경영자, 반도체를 통해 인류의 소통 방식을 혁신하는 경영자, 멋진 옷으로 사람들을 더 멋지게 만드는 경영자까지. 이들은 모두 고객의 삶의 문제를 해결하고 풍요롭게 만드는 것을 행복으로 삼고 있었습니다. 그와 함께하는 직원들의 눈빛에서도 같은 보람과 즐거움을 발견할 수 있었습니다. 우리는 단순히 비즈니스를 하는 것이 아니라 누군가의 삶에 긍정적인 변화를 주는 사랑의 실천을 하고 있었습니다.

사랑은 때로 단호함을 요구한다

진정한 사랑은 때로 단호함을 필요로 합니다. 부모가 자녀를 사랑하면서도 단호한 태도를 보여야 하듯, 비즈니스에서도 사랑의 탁월함을 위해 단호한 조치가 필요합니다. 직원에게 부정적인 피드백을 주는 일이 사랑의 표현일 수 있다는 사실은 처음엔 낯설게 다가왔습니다. 사랑은 상대방이 더 나은 방향으로 성장할 수 있도록 돕는 것입니다. 그 과정에서 때로는 엄격한 조언이 필요합니다.

반복적으로 실수를 하는 직원을 불러 "나는 네가 더 잘할 수 있다고 믿는다. 그렇기 때문에 이번 일을 그냥 넘어갈 수 없다."라고 말할 수 있어야 합니다. 사랑은 편안함만 주는 것이 아니라 성장의 불씨를 지피는 겁니다. 무리한 요구를 하는 고객에게 "죄송합니다. 이번에는 이 정도 수준에서 마무리하겠습니다. 하지만 다음에 더 잘 준비해 보겠습니다."라고 말할 수 있는 용기도 필요합니다. 관용과 엄격함은 모두 사랑의 속성 안에 있습니다.

| PART 1 - 2 |

성장하는 기업,
즐거움으로 일하다

두려움에서 발견한 회피동기

사업하는 경영자분들은, 언제 보람을 느끼십니까? 언제 내가 사업하기를 참 잘했다, 내가 이 회사에서 일하는 게 참 좋다, 내가 이 일하는 게 참 좋다, 내가 이 업을 선택하기를 참 잘했다 이렇게 느껴집니까? 사람마다 보람을 느끼거나 즐거움을 느끼는 요소는 다릅니다. 어떤 사람은 이 일을 하지 않으면 먹고 살기가 어렵기 때문에 열심히 하는 경우도 있습니다. 이 동기에 누가 뭐라고 할 수 있겠습니까?

내 자신의 생계를 위해서, 가족을 건사하기 위해 열심히 일하는 걸 누가 뭐라고 할 수 없을 겁니다. 그러나 어떤 경우에는 고객한테 좋은 일을 해주고 회사를 성장하고, 자신의 경력을 늘리는 자체로 보람을 느끼고 행복을 느끼는 경우도 있습니다. 지금은 힘들지만 미래의 자산과 전문성을 위해 일주일 80시간 일할 수도 있습니다. 40대, 50대 후반이 되어 여유를 즐기기 위해, 미래에 주어질 보상을 위해 열심히 노력할 수도 있습니다. 모두 누가 뭐라고 할 수 있겠습니까?

　어떤 경우에는 일 자체의 즐거움을 느끼며 일하는데, 월급까지 받아가면서 하니 더 좋다! 혼자 사업하는 것도 참 좋은데 내 주변에 좋은 동료들이 모여서 함께 일하니 참 좋다! 하는 사람도 있을 것 같습니다. 언제 "이 일을 하길 참 잘했다! 나 일하고 있는 거 내 인생의 축복이다!" 이런 걸 느끼십니까?

앞서 말했던, "이렇게 열심히 살았던 이유가 뭐야?" 라고 물었던 때가 기억납니다. 늦은 밤 홀로 퇴근하면서 가졌던 그 질문 속에는 두려움, 불안, 걱정이 가득했던 입사 초창기의 저의 모습이 담겨있었습니다. 성공보다는 실패를 회피하고 싶어 쉴 틈 없이 일했던 때는 몸도 마음도 힘들었던 시기였습니다.

경영자분, 혹은 리더분도 지금 일하고 있는 것이 두려움을 회피하기 위해서 실패를 벗어나기 위해서 일하고 계신 분도 많을 겁니다. 심리학자들은 이를 회피동기라고 부른다고 합니다. 내가 일하는 것이 무엇인가로부터 벗어나기 위한 동기가 그 어떤 동기보다도 대단하다는 겁니다. 길을 가다가 너무너무 힘들어가지고 주저 앉고 싶은데 갑자기 쥐 한 마리가 옆에 확 들어오면, 어디에서 튀어나왔지? 하면서 피합니다.

인생을 살면서 회피동기는 엄청난 힘을 준다고 합니다. 문제는 뭐냐? 그것이 나 자신뿐 아니라 주변 사람들에게도 두려움과 공포 리더십이 된다는 겁니다. 회피동기로 회사를 성장시킨 사람은 직원들에게 주로 이런 말을 한다고 합니다. "이거 제대로 안 되면 우리 미래가 없어요. 이거 제대로 안 되면 우리 망해요. 생존의 문제입니다." 자기 자신에게 하는 이야기가 구성원들에게도 그대로 확산되는 거죠. 한참 동안 회피동기를 가지고 살아왔던 것 같습니다. 지금도 제 마음속에 어느 정도는 실패에 대한 두려움을 회피하고자 하는 마음이 저를 일하게 만드는 요소가 있습니다.

회피에서 보상을 바라보는 단계

주변에 일을 하면서 회피동기보다 고객에게 잘해주고 싶은 마음으로 일하는 사람들이 꽤 많습니다. 사업이 안정화되고, 회사 규모가 커지면서 고객들의 요청도 어느 정도 있습니다. 업력도 길어져서 큰 거래도 하고, 경우에 따라 IPO도 한번 준비해 볼까 하는 거죠. 그러면 회피동기, 실패에 대한 두려움보다는 그 다음 단계로 이동하는 것 같습니다. 이른바 보상 동기입니다.

직원들에게도 "열심히 하세요! 그러면 부장급이 될 수 있습니다.", "열심히 하세요! 연말 성과도 받을 수 있습니다.", "열심히 하세요! 그러면 우리 안정적으로 지배력을 가질 수 있습니다" 이렇게 이야기할 수 있습니다. 그런데 매출이 올라가면 진짜 보람을 느끼고 행복해집니까? 아닙니다. 불안이 더 커집니다. 이 매출이 언제까지 갈까, 매출이 올라가면 그것에 맞춰 직원을 뽑고, 시설에 투자합니다.

어느 날 고객사 담당자가 와서 "사장님, 정말 죄송합니다. 시장 상황이 안 좋아서 내년 발주액을 절반으로 줄여야 할 것 같은데 괜찮습니까?"라고 한다면, 그 한 마디에 무릎이 풀립니다. 고객사 담당자에게 이메일이 옵니다. '내년도 발주 비율 20%에서 10%로 줄어들었습니다. 보상을 바라고 점점 성장하길 바라지만, 나에게 만족감을 주었던 요소 자체가 불안으로 넘어가게 됩니다.

제가 본 한 광고가 떠오릅니다. 보험사 광고였습니다. 한 가정의 거실에서 촬영된 장면이었습니다. 아빠가 어린 두 딸과 함께 행복하게 놀고 있는 모습이 나옵니다. "우리 딸 예뻐~" 하며 아이를 등에 업고 즐겁게 놀아주고, 엄마는 한쪽에서 따뜻한 미소로 가족의 모습을 바라보고 있습니다. 행복한 가정의 모습이 화면에 가득 담겨 있죠. 그런데 갑자기 아빠의 얼굴을 클로즈업합니다. 행복해 보이던 그의 표정이 점점 어두워지면서, 화면에는 그의 독백이 들려옵니다. "이 행복, 언제까지 지켜줄 수 있을까?"

전 이 보험 회사 마케터가 아빠의 마음을 누구보다 잘 이해하는 사람이라고 생각합니다. 광고를 맨 처음 보았을 때 울컥하는 마음에 화장실에 다녀왔습니다. 제 마음을 너무나도 잘 표현해준 것만 같았습니다. 한 가정의 아빠로, 한 가정의 가장으로 우리 가족의 행복을 지킬 수 있을까 고민하는 겁니다. 아파트를 장만하고 두 딸을 낳아서 행복하게 지내고 있는데, 이 행복을 지속하기 위해서는 직장에서 안 잘려야 하는데 하는 마음을 보험 광고 회사가 너무 잘 아는 겁니다. 한 가족의 가장도 그러는데 경영자는 어떻겠습니까? 직원이 열심히 일하고, 밤 늦게까지 일해서 뭔가 제대로 하려고 하는 그 모습을 볼 때 얼마나 보람찹니까? 경영자가 그 순간 저 사람들이 저렇게 애쓰고 고생하는데 고생의 열매를 맺도록 내가 해줘야 될 텐데…라는 생각이 드는 겁니다.

보상 동기는 그 보상을 위해 노력하지만 내가 기대했던 보상은 나에게 불안 요소를 줍니다. 돈이 나에게 안정감을 주겠다고 생각하는 경영자는 돈 자체가 나에게 불안을 줍니다. 사업의 명성을 위해 노력했던 경영자는 그 명성이 오래 가지 못할 것에 대한 불안함을 가집니다. 훌륭한 직원을 뽑아 멋지게 일하는 조직 문화를 만들겠다! 라고 다짐하면, 경영자는 "즉시 행복을 언제까지 지켜줄 수 있을까?" 하고 불안을 가집니다. 저 또한 그런 불안을 가진 적이 있습니다.

우리 회사가 "이거 안 하면 망한다"는 위기감을 넘어 "이거 하면 잘될 수 있다"는 희망을 갖는 것이죠. 아예 일 자체를 즐거움으로 여기는 사람들도 제 주변에는 있습니다.

어렸을 때 시골에서 자랐습니다. 전남 신안의 한 섬에서 저희 마당에는 아버지가 심으신 감나무가 많았습니다. 그래서 제 어린 시절 추억 중 하나는 가을, 여름이 지나갈 즈음에 감나무에 올라가는 일이었습니다.

파란 하늘 아래, 홍시가 되기 전 약간 노란 감들을 만지작거리며 "얘가 언제 물렁물렁해질까?" 눌러보곤 했죠. 조금이라도 부드러워지면 따서 먹었습니다. 땡감이었지만 그 맛이 좋았습니다. 아버지는 장터에서 돌아오실 때마다 말씀하셨죠. "아이고, 이놈아! 익지도 않은 감 만지지 마라. 매인다!"

학교를 마치고 돌아오면 또 감나무에 올라가 사진도 찍고, 동생과 놀다 보면 가끔 나무에서 떨어지기도 했습니다. 그러던 어느 해 여름, 감나무에 이상한 일이 생겼습니다. 원래 감나무는 꽃이 많이 피고, 그 꽃이 떨어지면서 열매를 맺는데, 몇몇 감나무에 꽃이 피지 않는 겁니다. 열매도 맺히지 않았죠. 궁금해서 아버지께 물었습니다.

"이 감나무는 왜 꽃이 안 피워요?" 저는 이렇게 물었습니다. 그러자 아버지께서는 평생 잊지 못할 이야기를 해주셨습니다. "해거리 같다. 거름이나 더 줘야지." 그때는 잘 몰랐지만, 나중에 알게 된 사실이 있습니다. 감나무는 3~4년에 한 번씩 스스로 해거리를 한다는 것이죠. 그 해는 감이 약 30% 정도만 열렸습니다. 해거리가 끝난 그다음 해에는 전년도보다 두 배 이상 많은 열매가 맺혔습니다.

그다음 해 가을, 감나무에는 열매가 너무 많이 맺혀서 가지가 휘어질 정도였습니다. 태풍이 올 때는 나무가 넘어질까 봐 가지가 땅에 닿을 정도로 처지곤 했습니다. 그럴 때마다 아버지께서는 지지대를 가져와서 가지를 쑥 밀어 올리셨습니다. "잡으라잉," 하며 저를 불러 나무 가지를 고정시키고는 단단히 묶어 놓으셨습니다. 그렇게 묶어 두면 태풍이나 강풍이 불어도 가지가 꺾이지 않았습니다. 감나무는 많은 열매를 품은 채로 무사히 가을을 견딜 수 있었습니다.

보상을 넘어 즐거움으로 가는 단계

초보 경영자나 초보 농부는 열매에 집중합니다. 보상 자체에 집중하는 겁니다. 열매만 만지작 거리고, 가지나 뿌리에 집중할 줄 모르는 거죠. 아버지께서 초등학교 밖에 나오지 않으셨지만 감나무의 열매가 맺히지 않을 때 해거리인 걸 아셨습니다. 어떤 의미에서 오늘 날 경영자에게 필요한 지식은 농부로부터 배워야 할지도 모르겠습니다.

우리는 열매에 집중합니다. 결과를 내고 싶은 거죠. 매출이 늘어나고, 더 좋은 인재들이 회사에 들어오고, 생산성이 높아지는 데에 집중합니다. 그러나 진정으로 경영을 잘하고 뛰어난 리더십을 발휘하는 사람들은 열매에만 집중하지 않습니다. 그들은 가지를 볼 줄 알고, 더 나아가 프로세스를 이해합니다. 프로세스 너머로 가지보다는 뿌리를 볼 줄 아는 거죠. 이런 리더들은 조직이 가지고 있는 문화와 토양, 학습하고 성장하는 환경, 그리고 성과를 내는 시스템 자체에 집중할 줄 압니다. 열매가 부족할수록 오히려 열매가 아닌 토양을 개선하는 데 더 많은 관심을 기울이는 것이죠. 이러한 접근을 할 줄 아는 사람을, '실천 동기를 가진 사람'이라고 부릅니다.

회사에서도 전문성을 발휘하고 일에 보람을 느끼게끔 하는 조직의 피드백 특징은 1등에게 인센티브, 꼴등에게 페널티를 주는 게 아닙니다. 1등과 꼴찌를 판가름 짓는 대결의 장소가 아니게 만드는 거죠. 피드백 공간에는 "와! 그런 좋은 성과가 났어요. 어떻게 한 거예요? 나도 좋은데 배우고 싶어요." 이런 말을 하게 해주는 겁니다. 성과가 안 나온다고 할 때에는 "기대했던 성과가 안 났네요. 너무 안타깝네요. 나도 속상한데 얼마나 속상해요? 어떤 이유가 있었던 거예요? 다시 해 본다면 뭘 달리 볼 수 있겠어요?" 이렇게 말하는 거죠. 바로 일 자체에 시선이 머무르게 만들어주는 겁니다.

실천 동기를 가지고 학창 생활을 보내고, 자신의 젊은 시절을 가졌던 사람은 어떤 상황에서도 다시 도전할 힘이 있습니다. 왜 그럴까요? 바로, 자신을 바라보는 시선이 과정을 통해서 무엇을 배웠고, 어떤 역량과 지식이 생겨서 다음 달에 무엇을 더 잘할 수 있을 건 지에 대해서 관심을 갖는 겁니다.

지난 수년 동안에 4천 명 이상의 경영자를 만나고, 수많은 대한민국의 비즈니스 현장을 돌아다녔습니다. 창원 컨테이너 안 칼바람이 부는 사무실, 성수동의 힙한 사무실, 판교의 고급스러운 사무실 모두 경험했습니다. 그런데 제가 보기에 본질은 사무실에 있지 않았습니다. 회사에서 일을 하는 동기와 보람이 경영자가 어디에 추구하는 지에 있었습니다. 어떤 조직은 리더가 회피 동기를 가지고 "이거 하면 망해"라고 말합니다. 또 다른 조직은 보상동기로 "이거 하면 돈 벌 수 있어. 이거하면 승진할 수 있어. 이러면 성과급 나와"라는 곳도 있습니다.

그런데 어떤 조직은 행복하고, 눈빛이 밝은 곳이 있습니다. 그 조직의 특징을 살펴보면 "돈을 뛰어넘어서 잘해보자. 어떻게 하면 잘해볼 수 있을까?"이런 대화가 많았습니다. 저의 경험으로 말씀드렸지만 〈무엇이 성과를 이끄는가〉라는 책에서도 같은 내용이 담겨있습니다. 이 책은 120개 국 100만 명이 넘는 관리자를 대상으로 종단 횡단 연구를 하면서 나온 결과입니다. 교육학을 조금 공부해 보신 분이라면 학습 동기가 강한 아이들이 보상 동기에 매몰된 아이들보다 훨씬 학습 성취감과 지속성이 높다는 것을 아실 겁니다. 그래서 직장생활 할 때에도 일터에서 어떤 조직이 지속 가능한 성과를 이루냐 종횡단 연구를 했습니다.

발견한 사실이 실천 동기가 강한 사람들이 가진 세 가지 특징이 있습니다. 첫 번째, 즐거움입니다. 일 자체에 대한 즐거움을 추구한다는 겁니다. 두 번째, 일의 결과가 세상과 사회와 고객들에게 어떤 영향을 미치는지 자꾸 모니터링하고 그걸 통해서 기뻐한다는 겁니다. 마지막으로는 일하면서 그 자체로 생계 수단으로 삼는 게 아니라 자신의 실력과 지식이 올라가는 성장의 기회로 삼는다는 겁니다. 즐거움, 보람, 성장 이 세 가지 요소가 가장 강력한 실천 동기입니다.

반대로 이 세 가지의 실천 동기를 깎아먹는 세 가지가 있습니다. 첫 번째 타성, 두 번째 경제적 보상, 세 번째 정서적 보상입니다. 이 세 가지 요소가 많을수록 회사가 조직이 가지고 있는 실천 동기를 갉아먹습니다. 사람들의 시선은 비슷한 것 같습니다. 대한민국 전남 신안도 섬에서 태어나 직장 생활을 하는 이 시대를 살아가고 있는 저의 경험과 미국, 유럽, 아시아권 많은 조직에서 일하고 있는 사람 모두 비슷합니다.

어떤 경우에는 이거 하면 우리 돈 번다고 말할 수 있습니다. 그거 누가 잘못됐다고 할 수 없습니다. 참으로 피곤하고 힘든 삶에서 벗어나기 힘듭니다. 걱정과 불안의 요소가 된다는 사실입니다. 그걸 뛰어넘어 즐거움이라는 동기를 가지고, "우리 한번 잘해보자!"라는 이야기를 나누는 경영자가 되면 좋겠습니다.

| PART 1-3 |

새벽 4시에 빵공장에서
밀가루 포대를 트는 일의 힘

    기업은 세상을 변화시키는 가장 기초 단위의 조직입니다. 경영자는 그 기업을 이끄는 사람입니다. 정부와 정치가 방향을 설정하더라도 결국 그 일을 수행하는 것도 역시 기업이죠. 결국 기업이 움직여야 생산물이 나오고 서비스가 창출되며 사람들의 삶을 바꿉니다. 기업은 운영하는 경영자는 매일 도전과 기회를 마주하며, 고객과 직원, 그리고 사회의 가치를 창출하는 여정을 이어가는 사람들입니다. 우리가 하는 비즈니스는 단순한 이윤 창출을 넘어 사람들의 삶을 변화시키고, 더 나은 세상을 만들어가는 사랑의 실천입니다.

    어느 날 한 경영자가 제게 이런 질문을 한 적이 있습니다. "지금 내가 하는 일이 정말 의미가 있는 걸까요?" 그 질문에 망설임 없이 답했습니다. "그렇습니다. 당신이 하는 일이야말로 누군가의 삶을 더 풍요롭게 만드는 가장 중요한 일입니다." 그 경영자는 잠시 생각에 잠겼다가 말했습니다. "그렇다면, 지금의 어려움도 사랑의 과정으로 받아들일 수 있겠네요." 그 말은 저를 깊이 감동하게 했습니다. 우리가 겪는 어려움은 결국 사랑의 깊이를 더해주는 과정이라는 깨달음을 함께 나눌 수 있었기 때문입니다.

비즈니스는 사랑입니다. 여러분이 그 사랑을 실천하는 주역입니다. 작은 가게에서 고객의 미소를 끌어내는 일부터, 세계적인 무대에서 혁신을 이끄는 일까지, 여러분이 하는 모든 일은 누군가의 삶에 긍정적인 영향을 미칩니다. 그것이야말로 경영자의 가장 큰 보람이자 특권 아닐까요?

물론, 쉽지 않은 날들도 있습니다. 예상치 못한 문제와 실수, 끝이 보이지 않는 책임감 속에서 지칠 때도 있을 것입니다. 그런 순간에도 여러분은 포기하지 않았습니다. 그 이유는 무엇인가요? 바로 여러분의 내면 깊은 곳에 있는 사랑 때문입니다. 고객을 사랑하고, 동료를 사랑하며, 여러분의 비전을 사랑하기 때문입니다.

파주에서 가인지경영을 하는 한 젊은 경영자는 어머니의 빵집을 이어받아 매일 새벽 4시에 일어나 빵 공장의 불을 켜고 밀가루 포대를 트는 일로 하루를 시작합니다. 반복되는 뻔한 일상이지만, 그는 빵을 통해 고객들에게 따뜻한 아침을 선물한다고 믿고 있습니다. "내가 굽는 빵 한 조각이 어떤 할머니에게는 하루의 기쁨일 수도 있고, 어떤 학생에게는 힘을 내게 해줄 에너지일 수 있어요." 빵을 굽는 행위를 사랑의 실천으로 여기고 있었습니다. 이렇듯, 우리가 하는 일의 의미를 다시금 발견할 때, 비즈니스는 사랑의 또 다른 이름이 됩니다.

경영은 지속성이 중요합니다. 시장과 고객의 흐름을 타면서 일해야 하죠. 지치고 힘들 때 잠시 멈춰 숨을 고르고, 자신에게 "나는 왜 이 일을 시작했는가?"라는 질문을 던져보세요. 그 답은 여러분의 열정과 비전을 다시 불러일으킬 것입니다.

경영자의 역할은 무겁지만, 여러분 역시 한 사람으로서 돌봄과 격려가 필요합니다. 자신을 아끼고 성장시키는 일이 결국 더 많은 사랑을 전달할 수 있는 힘이 될 것입니다. 때로는 여러분 스스로 휴식을 허락하고, 주변 사람들의 응원을 받아들이세요. 그러한 순간들이 여러분의 에너지를 재충전하고 더 큰 목표를 향해 나아가는 원동력이 될 것입니다.

경영자는 세상을 더 나은 곳으로 만드는 사람입니다. 지금도 각 산업과 직무, 지역 현장에서 자신이 섬기는 고객을 위해서 최선의 결과를 제공하기 위해 노력하는 모든 경영자의 삶을 응원합니다. 비즈니스는 사랑입니다. 그리고 여러분이 그 사랑의 주인공입니다.

| 2부 |

리더십

함께하는 사람들을 성공시켜 주는 것

무모한 과욕을 버리고
자기 능력과 한계를 냉철하게 판단하라.

이병철(Byung-chul Lee, 삼성 창업자),
자서전 《호암자전》 중에서

| PART 2 |

리더십: 함께하는 사람들을 성공시켜 주는 것

1. 자신의 욕망을 구현하는 방식이 아니라 타인을 도우려는 마음으로 일하는 것이 가장 행복한 삶의 모델입니다.

사람에게 미션이 있는 이유는 그것이 가장 행복한 삶의 모델이기 때문입니다. 그 꿈이 있다면 그 꿈이 당신에게 값지불을 요구할 것입니다. 그리고 그 값지불 하는 과정에서 경험과 시야가 넓어지고 삶의 의미가 분명해질 것입니다. 그리고 점점 주변 사람들을 도울 자격을 얻게 될 것입니다. 이것이 꿈을 갖는 이유입니다. 또한 적절한 시기에 은퇴할 것을 꿈꾸기 보다는 죽을 때까지 해도 되는 방식으로 일하는 것이 좋습니다. 죽을 때까지 소명과 끌림이 있는 삶이 빨리 은퇴하고 싶어 날짜를 기다리는 삶보다 행복합니다. 늙어 지루함과 권태에 들어가는 것보다 죽는 순간까지 할 일이 있는 것이 더 행복한 것입니다. 저는 늙어서 노년에 할 일도 없고 찾아오는 사람도 없이 해변에 누워 조개껍데기를 모으는 삶을 지향하는 것을 두려워합니다. 진정한 인생의 비극은 할 일 없이 죽음을 기다리는 것이라고 여깁니다.

우리가 흔히 말하는 '비전'은 단순한 목표 설정이 아니라, 삶의 방향을 결정하는 나침반과 같습니다. 어떤 사람이든 자신만의 비전이 있어야 하고, 그 비전이 자신의 삶과 경영을 이끄는 원동력이 되어야 합니다. 그러나 비전을 갖는 것만으로는 충분하지 않습니다. 꿈을 실현하기 위해서는 반드시 그에 따른 값지불이 요구됩니다.

사업을 운영하는 창업 경영자라면 이 값지불의 개념을 깊이 이해해야 합니다. 비전을 향한 길은 쉬운 길이 아닙니다. 자본을 투자해야 하고, 끝없는 시간과 노력을 들여야 하며, 종종 불확실성과 싸워야 합니다. 사업이 처음 시작될 때는 에너지가 넘치고 가능성이 무궁무진해 보이지만, 현실의 벽에 부딪힐 때마다 포기하고 싶은 유혹이 찾아옵니다. 하지만 그 순간이 바로 진정한 경영자의 자질이 드러나는 순간입니다. 벤호로위츠는 창업 이후에 경험한 엄청난 고됨을 담아서 창업과 성장의 교과서라고 불릴 만한 책인 〈하드씽〉을 저술했습니다. 정말 경영은 하드씽, 즉 힘든 일입니다. 그런 힘든 일을 이겨내야 할만한 자신의 지향점이 있는 것입니다.

저는 과거에 한 기업에서 중국 시장 진출 관련 직원 교육을 맡은 적이 있습니다. 교육 중 "중국에서 사업하고 싶은 분 손들어 보세요!"라고 질문했을 때, 거의 모든 사람이 손을 들었습니다. 하지만 "지금 중국어를 공부하고 계신 분 손들어 보세요"라고 물었을 때는 서너 명만 손을 들더군요.

이 사례는 우리가 흔히 겪는 현실을 단적으로 보여줍니다.

"꿈을 말하는 것은 쉽지만, 꿈을 위해 대가를 치르는 것은 쉽지 않습니다."

창업 경영자는 반드시 이 점을 명확히 해야 합니다. 꿈을 현실로 만들려면, 그것이 요구하는 모든 대가를 기꺼이 감당할 각오가 필요합니다. 밤을 새우는 시간, 재정적인 투자, 지속적인 자기계발과 시장조사, 시행착오를 두려워하지 않는 용기, 이 모든 것이 비전을 현실로 만드는 과정입니다.

비전을 추구하는 과정에서 우리는 성장합니다. 그리고 그 성장은 단순히 개인의 성공을 넘어서, 더 많은 사람들에게 긍정적인 영향을 미치는 힘이 됩니다. 궁극적으로, 우리의 비전은 우리가 아닌, 다른 사람들을 도울 때 가장 큰 의미를 갖습니다. 따라서 창업 경영자는 단순히 성공을 목표로 삼기보다, '어떻게 하면 내 사업이 더 많은 사람에게 가치를 제공할 수 있을까?'를 고민해야 합니다. 진정한 비전은 나 자신의 성취를 넘어, 세상에 선한 영향을 미치는 데서 완성됩니다.

"비전을 품었다면, 그 대가를 기꺼이 치를 준비가 되었는가?" 스스로에게 이 질문을 던져 보십시오. 비전은 단순한 열망이 아니라 행동을 필요로 합니다. 그리고 그 행동이 모일 때, 진정한 경영자의 길이 열리게 될 것입니다.

2. 사람을 평가할 때는 구호만 무성한 사람인지 그가 남긴 열매가 있는 사람인지를 보아야 합니다.

사람은 오직 그 열매로만 판단할 수 있습니다. 청년은 미래를 말하고 노인은 과거를 말합니다. 그러나 열매가 없이 계획만 무성한 사람은 신뢰해서는 안됩니다. 사람은 그의 말이 아니라 행동을 보고 판단해야 하기 때문입니다.

경영자는 말이 아닌 결과(열매)로 증명하는 사람입니다. 사업을 하다 보면 성장을 이야기하고, 혁신을 외치며, 고객 중심을 강조하는 경우가 많습니다. 하지만 정작 실행이 없다면, 그 모든 말은 공허한 구호에 불과합니다. 사람들은 결국 말이 아닌 결과로 리더를 판단합니다.

예전에 '빵을 직접 굽는 제빵사'와 '맛만 평가하는 음식평론가'에 대한 이야기를 들은 적이 있습니다. 제빵사는 밀가루를 뒤집어쓰며 반죽을 하고, 오븐 온도를 조절하며 빵을 구워냅니다. 때로는 실패하기도 하고, 빵이 타버리는 날도 있지만, 결국 이 과정에서 실력이 쌓입니다. 반면, 음식평론가는 평생 남이 만든 빵을 맛보고 평가하지만, 정작 본인은 직접 빵을 만들어본 적이 없습니다. 물론 평론가의 역할이 없는 것은 아니지만 경영자는 다른 사람의 결과에 논평을 하기 보다는 직접 무엇인가를 해 내는 사람입니다. 이것이 경영입니다. 결과를 내는 사람과 결과를 평가하는 사람은 다릅니다. 많은 창업가들이 "우리는 고객 중심의 혁신 기업입니다"라거나 "최고 품질을 보장합니다"라고 외치지만, 정작 고객 경험이 엉망이거나 제품이 기대에 미치지 못하는 경우가 많습니다. 구호보다 중요한 것은 고객이 직접 느끼는 결과입니다.

예전에 한 후배 창업가를 만난 적이 있습니다. 그는 새로운 서비스를 출시하면서 "이건 무조건 시장을 흔들 겁니다"라고 장담했습니다. 하지만 몇 개월 뒤 서비스를 사용해본 고객들의 반응은 싸늘했습니다. 그는 '우리 서비스가 얼마나 혁신적인데 왜 사람들이 안 쓰는지 모르겠습니다.'라고 푸념했습니다. 하지만 문제는 단순했습니다. 서비스가 불편했고 고객이 필요로 하는 것이 아니었기 때문입니다. 고객은 말이 아닌 경험과 결과로 가치를 판단합니다.

회사의 성장은 리더의 '말'이 아니라, '행동'과 '실행력'에서 나옵니다. 성과를 내기 위해서는 머릿속의 아이디어를 실제 행동으로 옮기는 힘이 필요합니다. 물론 실행 과정에서 실패할 수도 있습니다. 하지만 실패 속에서도 배울 것이 있고, 그 경험이 쌓여 결국 더 나은 결과를 만들게 됩니다.

많은 창업가들이 '더 완벽해지면 시작하겠다.'라고 말합니다. 하지만 실제로 사업을 성공시키는 사람들은 완벽을 기다리는 것이 아니라 일단 실행하면서 배우는 사람들입니다. 시도조차 하지 않으면 배울 것도 없습니다. 아무리 훌륭한 전략을 가지고 있어도, 실행되지 않으면 아무 의미가 없습니다.

경영자는 결과로 평가받는 사람입니다. 시장은 말이 아니라 실행한 결과를 기준으로 기업을 평가합니다. 좋은 기획과 완벽한 비전을 자랑하기보다는, 작더라도 실질적인 결과를 만들어내는 것이 더 중요합니다. 경영자라면 실패를 두려워하지 말고 직접 부딪히며 경험을 쌓고, 실행력을 통해 성장해야 합니다. 결국, 말보다 중요한 것은 '내가 무엇을 했느냐'입니다. 고객이 체감하는 서비스, 직원들이 실제로 경험하는 조직문화, 투자자가 신뢰할 수 있는 성과, 이 모든 것이 리더가 쌓아온 '결과'입니다.

3. 사랑을 실천하는 것은 좋은 의도와 뜻만으로 되지 않습니다. 그에 걸맞는 준비가 있어야 합니다.

누군가에게 도움을 주려면 거기에 걸맞는 실력과 탁월성을 갖추어야 합니다. 좋은 뜻의 돌팔이 의사보다 불친절한 전문의사가 낫습니다. 탁월함에 대한 열망을 실천해야 합니다. 사람의 마음을 언제든지 바뀌는 법입니다. 내 마음이 준비되길 기다리지 말고 이미 준비되었다고 전제하고 실천을 먼저 합니다. 그러면 그 실천이 탁월함을 부르고 후행적으로 마음도 따라 올 것입니다.

좋은 의도만으로는 시장에서 살아남을 수 없습니다. 선한 마음을 가졌다고 해서 의사가 될 수 없으며, 정의를 외친다고 해서 훌륭한 변호사가 되는 것도 아닙니다. 의사가 아무리 환자를 사랑하는 마음이 깊더라도, 실력이 부족하면 환자의 생명을 구할 수 없습니다. 변호사가 사회적 정의를 외친다 해도, 법률 지식이 부족하면 의뢰인을 지킬 수 없습니다. 경영도 마찬가지입니다. "나는 좋은 아이디어가 있으니 반드시 성공할 것이다"라는 생각만으로는 부족합니다.

경영자는 기업을 운영하는 전문가여야 합니다. 단순히 꿈과 열정만으로 사업을 지속할 수 없습니다. 시장에서 살아남고, 기업을 성장시키려면 전문성을 갈고 닦고, 탁월한 실력을 갖춰야 합니다. 사업은 사람의 삶과 직결되어 있으며 직원들의 생계를 책임지는 일이기도 합니다. 따라서 경영자는 자신의 부족함을 인정하고 배움과 성장을 멈추지 않아야 합니다.

어떤 사람들은 "더 준비된 후에 시작하겠다"라고 말합니다. 하지만 진짜 성공하는 사람들은 준비된 후에 움직이는 것이 아니라, 움직이면서 준비하는 사람들입니다. 완벽을 기다리는 동안 시장은 변하고, 기회는 사라집니다. 중요한 것은 이미 준비된 것처럼 행동하면서 경험을 통해 배워나가는 자세입니다.

실제로 성공한 기업가들을 보면, 그들은 처음부터 모든 것을 알고 시작한 것이 아닙니다. 스티브 잡스는 디자인을 제대로 배우기 위해 직접 캘리그래피 강의를 들었고, 이는 나중에 애플의 독창적인 UI 디자인으로 이어졌습니다. 일론 머스크는 우주 산업에 대한 전문 지식이 부족했지만, 직접 연구하고 최고의 엔지니어들과 협업하면서 스페이스X를 세계적인 기업으로 성장시켰습니다. 빌 게이츠 역시 프로그래밍을 독학하며 직접 코드를 작성하면서 마이크로소프트를 만들었습니다. 탁월성은 하루아침에 만들어지는 것이 아닙니다. 단순히 정보를 얻는 것이 아니라, 직접 부딪히고 경험하며 배워야 진정한 전문성이 쌓입니다.

과거에 비해 오늘날은 정보가 넘쳐나는 시대입니다. 누구나 검색을 통해 기본적인 지식을 얻을 수 있습니다. 하지만 깊이 있는 전문성은 단순한 정보 습득이 아니라, 오랜 시간 경험하고 연구하며 쌓아가는 과정에서 만들어집니다. 만약 외식업을 한다면, 단순히 맛있는 요리를 만드는 데서 멈춰서는 안 됩니다. 식재료의 원산지, 조리 기법, 소비자 심리, 트렌드 변화까지 연구해야 합니다. IT 스타트업을 운영한다면 단순한 프로그래밍 실력만으로는 부족합니다. 사용자 경험(UX), 데이터 분석, 마케팅 전략, 투자 유치까지 종합적인 역량을 갖춰야 합니다. 제조업을 한다면 공정 개선, 원가 절감, 품질 관리, 글로벌 공급망 운영까지 전문성을 확보해야 합니다.

실패를 두려워하지 않고 도전하며, 실행하면서 배우는 과정이 필수적입니다. 완벽한 준비를 기다리기보다는 지금 당장 할 수 있는 것부터 실행하면서 전문성과 탁월성을 키워야 합니다. 기업이 오래 살아남으려면 좋은 사람이 아니라 실력 있는 사람이 되어야 합니다. 경영자는 회사의 리더이자 최종 책임자입니다. 리더가 충분한 전문성을 갖추지 못하면, 고객과 직원, 투자자들은 결국 신뢰를 잃게 됩니다. 따라서 창업 경영자는 선한 의도 뿐만 아니라, 탁월한 실력을 갖춘 리더가 되기 위해 끊임없이 배우고 성장하는 자세를 가져야 합니다.

좋은 마음을 갖는 것은 중요합니다. 하지만 그것만으로는 충분하지 않습니다. 진정으로 남을 돕고 가치를 제공하기 위해서는 그에 걸맞은 실력을 갖춰야 합니다. 결국, 전문성과 탁월성은 신뢰로 이어지며 그것이 경영자의 가장 강력한 무기가 됩니다.

4. 지혜로운 사람은 자신의 실수와 무지를 인정하고 시스템과 팀으로 일하는 사람입니다.

조직으로 일하는 법을 배우면 훨씬 풍성한 삶을 살 수 있습니다. 우리는 다른 사람들과 함께 일하고 경쟁과 협력을 하면서 서로의 강점과 약점을 이해하고 보다 잘 하는 방식으로 서로를 돕습니다. 시스템을 만들고 그 속에서 일 하는 사람은 슬럼프와 쇠퇴기에 빠졌을 때도 시스템에 의해서 크게 넘어지지 않고 회복합니다.

경영자가 처음 사업을 시작할 때는 모든 걸 혼자 해내야 할 것 같은 기분이 듭니다. 작은 스타트업이라면 대표가 직접 기획하고, 마케팅도 하고, 고객 응대까지 하면서 모든 걸 컨트롤할 수 있습니다. 하지만 사업이 성장하고 규모가 커질수록 혼자서 모든 걸 감당하려다 보면 한계에 부딪히게 됩니다. 사람을 더 뽑아도 문제가 해결되지 않고 매일같이 산더미 같은 업무가 쌓이면서 점점 지쳐가는 순간이 오게 됩니다. 내가 없으면 회사가 멈출 것 같은 불안감에 사로잡히고, 결국 본인이 직접 손대지 않으면 일이 돌아가지 않는 구조가 됩니다.

이렇게 운영되는 회사는 오래 가기 어렵습니다. 회사가 대표 한 사람의 역량에 의존하는 구조라면, 그 회사의 성장 속도는 경영자의 체력과 능력이 닿는 한계에서 멈추게 됩니다. 처음에는 대표가 직접 뛰면서 성장할 수 있지만 어느 순간부터는 대표가 얼마나 유능한가가 중요한 것이 아니라 회사가 나 없이도 성장할 수 있는 시스템을 구축했는지가 더 중요한 요소가 됩니다.

저도 결혼 초기에 아내와 말다툼을 할 때가 있었죠. 논리가 강한 저는 대부분 아내와의 말다툼에서 이기는 대화를 했었죠. 논리적으로 따지면 제가 유리한 경우가 많았고, 대화가 길어질수록 결국 제가 설득하는 쪽으로 흘러갔습니다. 그러던 어느 날, 아내가 이렇게 말했습니다.

"그래, 당신 똑똑해… 근데 똑똑한 사람은 힘들어.
난 그냥 좀 틀려도 지혜롭게 살거야."

맞는 말이었습니다. 똑똑한 사람은 혼자 다 해낼 수 있다고 믿고, 하나부터 열까지 직접 챙기며 앞서 나가려 합니다. 하지만 지혜로운 사람은 자신이 모든 걸 다 할 필요가 없다는 것을 알고 있습니다. 혼자가 아니라, 시스템과 팀을 통해 성장하는 것이 더 효과적이라는 것을 이해하는 것이 지혜입니다.

사업도 마찬가지입니다. 대표가 핵심적인 결정을 내리지만, 결국 오래가는 조직은 혼자가 아닌 '시스템'과 '팀워크'가 만드는 것입니다. 리더가 없는 순간에도 회사가 돌아가야 하고, 대표가 없더라도 고객이 불편함 없이 서비스를 받을 수 있어야 합니다. 결국, 시스템을 만드는 것이 리더의 가장 중요한 역할입니다. 하지만 시스템을 만드는 과정은 쉽지 않습니다. 창업자들은 종종 빠르게 성장하기 위해 조직을 유연하게 운영하려고 합니다. 작은 팀에서는 큰 규칙 없이도 자유롭게 일할 수 있지만, 팀이 커지면 혼란이 생기고, 결국 체계가 잡히지 않은 조직은 내부적으로 무너질 수밖에 없습니다. 명확한 역할과 책임이 없으면 직원들은 업무에 혼선을 겪고, 누가 무엇을 해야 하는지 모르는 상황이 반복됩니다. 경영자는 일을 직접 해결하려 들기보다, 사람들에게 명확한 권한을 주고, 시스템이 문제를 자동으로 해결할 수 있도록 만들어야 합니다.

구한말, 한국에 들어온 언더우드 선교사도 비슷한 고민을 했을 것입니다. 그는 다른 선교사들처럼 직접 복음을 전하고 교회를 세울 수도 있었습니다. 하지만 그는 자신이 떠난 후에도 복음이 계속 전해질 수 있도록 시스템을 만드는 데 집중했습니다. 연희전문학교(현 연세대학교)를 설립하여 조선의 미래 리더들을 양성했고, 대한성서공회를 만들어 성경을 보급하는 체계를 갖추었습니다. YMCA를 통해 기독교 정신을 바탕으로 한 청년 리더십을 길러냈습니다. 그가 만든 시스템과 조직들은 그가 사라진 후에도 계속해서 성장했고, 결국 한반도 이 후의 삶에 깊은 영향을 미쳤습니다. 하지만 당시에는 그의 방식이 낯설었습니다. 많은 사람들이 선교사는 직접 복음을 전해야 한다고 생각했기에, 언더우드는 동료 선교사들로부터 비판을 받기도 했습니다. 하지만 시간이 지나고 보니, 그가 만든 조직과 시스템이 한국 사회에 더 깊고 넓은 영향을 미쳤습니다.

사업도 마찬가지입니다. 회사의 모든 것이 대표 한 사람에게 의존하는 조직은 위험합니다. 리더는 단순히 회사를 운영하는 사람이 아니라, 어떻게 하면 나 없이도 발전할 수 있는 회사를 만들 수 있을지를 고민하는 사람이어야 합니다. 경영자가 없을 때에도 매출이 나오고, 서비스가 운영되고, 직원들이 각자의 자리에서 역할을 수행할 수 있도록 시스템을 만들어야 합니다. 결국, 좋은 경영자는 자신이 직접 뛰는 사람이 아니라, 시스템과 팀워크를 통해 회사를 지속 가능하게 만드는 사람입니다. 회사의 성장은 대표의 손이 아니라, 시스템의 손에 달려 있습니다. 조직의 구조를 정비하고, 사람들에게 명확한 역할을 부여하며, 리더가 사라진 이후에도 회사가 스스로 굴러갈 수 있도록 만드는 것. 그것이 지혜로운 리더의 역할입니다.

5. 신호등이 깜박거리거든 달려서 건너가십시오. 다음 순서를 기다리는 사람들 보다는 이미 성취한 사람들을 만날 수 있습니다.

성취를 경험한 사람들과 만나고 그들의 성취 경험을 통해 배우고 그들과 연결되어 다음 도전에 동참하는 것이 훨씬 낫습니다. 횡단보도를 건너지 못한 사람들은 환경이나 개인적이 이유가 있었을 것입니다. 그런 이유를 듣고 나누는 것 보다는 승자들과 함께 하는 것이 좋습니다. 그러나 그렇지 못한 사람들을 보다 나은 삶으로 안내하는 것을 포기해서는 안됩니다. 어쩌다 그 신호등을 건너지 못한 순간이 오더라도 여우의 신포도 우화처럼 스스로를 정당화해서는 안됩니다. 피드백하고 다시 도전하며 다음 신호등의 순간에는 건널 수 있도록 준비해야 합니다. 피드백은 이럴 때 필요한 것입니다.

기회는 언제나 기다려주지 않습니다. 때로는 한 번만 열리고, 다시는 돌아오지 않을 수도 있습니다. 경영자라면 그 신호가 깜빡일 때, 주저하지 않고 과감히 질주할 용기가 필요합니다. 신호등이 깜빡일 때 머뭇거리다 보면, 이미 반대편에서 성취를 나누고 있는 사람들 사이에 끼지 못하고 혼자 남을 수도 있습니다. '다음 기회를 기다리자'라는 생각이 반복되면, 결국 기회는 영원히 내 것이 되지 않습니다.

살면서 가장 후회되는 순간은 '도전했는데 실패한 경험'보다, '아예 도전하지 않은 순간'일 때가 많습니다. 우리는 실패하면 좌절할 것을 걱정하지만, 사실 더 아픈 것은 '할 수 있었는데 하지 않았던' 기억입니다. 주변을 돌아보면 과감히 시도하고 넘어졌던 사람들보다, 기회를 앞두고 망설이며 아무것도 하지 못한 사람들이 더 많습니다. 하지만 도전이란 것이 쉽지 않습니다. 인간은 본능적으로 안정적인 것을 원합니다. '아직 준비가 안 됐다.'라거나, '나중에 더 좋은 기회가 올 거야.'라는 생각이 자꾸만 발목을 잡습니다. 하지만 진짜 기회는 늘 완벽하게 준비된 순간에 오지 않습니다. 준비가 부족해 보여도, 막상 시작하고 나면 배워가면서 성장하게 됩니다. 시작해야 배울 수 있고, 배워야 기회를 잡을 수 있습니다.

경영도 타이밍이 중요합니다. 새로운 시장이 열릴 때, 남들보다 먼저 뛰어든 사람만이 '퍼스트 무버(first mover)'가 될 수 있습니다. '좀 더 지켜보자.'라고 생각하는 사이에 남들은 이미 시장을 선점하고 경쟁력을 확보합니다. 한번 시장을 차지한 뒤에는 후발주자가 따라잡기가 어렵습니다.

물론 도전이 항상 성공으로 이어지는 것은 아닙니다. 무작정 뛰어들었다가 실패할 수도 있습니다. 하지만 실패한 경험조차도 도전한 사람만이 얻을 수 있는 자산입니다. 도전하지 않은 사람은 실패의 경험조차 없습니다. 그래서 중요한 것은 '완벽한 준비'가 아니라, '신호등이 깜빡이면 달려서 건너는 용기'입니다. 적당한 시기를 기다리며 주저하는 동안, 이미 도전한 사람들은 반대편에서 성취를 나누고 있습니다. '다음 기회에'라는 말은 스스로를 안심시키는 핑계일 뿐입니다. 도전한 사람만이 실패할 기회를 얻고, 실패한 사람만이 다음 기회를 준비할 수 있습니다.

결국 도전은 완벽한 시기를 기다리는 것이 아니라, 기회가 보일 때 움직이는 것입니다. 시장의 흐름을 읽고, 두려움을 극복하며, 신호등이 깜빡일 때 주저 없이 질주하는 것. 그것이 도전하는 사람만이 얻을 수 있는 자격이며, 경영자로서 반드시 가져야 할 태도입니다.

6. 다른 사람의 인정이나 칭찬을 구애하지 마십시오. 자신이 스스로를 인정하고 격려하는 삶을 살아 가십시오.

나를 칭찬하는 사람을 존중히 여기고 고마워하십시오. 그리고 그를 격려해 주십시오. 그러나 나의 삶을 움직이는 추력은 오직 나 자신의 내면의 힘이어야 합니다. 그래야 끊임없는 인정투쟁에 빠지지 않을 수 있습니다. 동기와 만족의 요인이 내면에 있는 사람이 외부의 어려움도 이겨내고 지속적인 도전을 할 수 있습니다. 타인의 인정과 칭찬은 분명히 활력소가 되지만 그것을 뒤집어 스스로의 추력으로 삼는 사람이 되십시오.

사람들은 본능적으로 다른 사람으로부터 인정받기를 원합니다. 좋은 성과를 내면 주변에서 박수를 쳐주고, 긍정적인 피드백이 쏟아질 때 우리는 힘을 얻습니다. 하지만 경영 현장은 그렇게 단순하지 않습니다. 성과를 낼 때는 환호를 받지만, 예상치 못한 문제가 발생하거나 성장이 둔화되면 언제든 비판과 질타가 들이닥칩니다. 타인의 인정과 칭찬만을 동력 삼아 움직이는 사람은 이런 순간 쉽게 무너집니다. 누군가의 평가에 따라 기쁨과 좌절이 오락가락하고, 좋은 평가를 받으면 힘이 나지만 비판이 시작되면 방향을 잃고 흔들립니다. 하지만 경영자는 매 순간 외부의 평가에 따라 갈대처럼 휘둘려서는 안 됩니다. 진짜 중요한 것은 타인의 인정이 아니라, 스스로를 인정하고 믿을 수 있는 자기 동력입니다.

내부 동력이 있는 사람은 환경이 바뀌어도 중심을 잃지 않습니다. '나는 내가 잘하고 있다고 믿는다.'는 자기 확신이 있을 때 외부의 칭찬이나 비판에 일희일비하지 않고 꾸준히 나아갈 수 있습니다. 경영자에게 필요한 것은 자기 확신과 신념에서 비롯된 안정감입니다. 때로는 시장의 반응이 기대와 다르게 나올 수도 있고, 주변에서 예상치 못한 부정적인 평가를 받을 수도 있습니다. 하지만 이런 순간에도 흔들리지 않는 사람은 결국 자신의 내면에서 확신을 찾는 사람입니다. 저도 타인의 시선에 민감한 편이라 시장과 고객의 평가에 따라 감정이 요동쳤습니다. 당연히 그 소리와 의견을 잘 들어야 하지만 스스로의 평가를 타인에게 맡기는 것의 한계를 느끼고 있었습니다. 타인의 소리에 귀를 귀울여야 하지만 중심을 내가 잡아야 합니다. 내 안에 있는 확신은 내가 스스로 키워야 한다는 것입니다.

칭찬과 비판은 경영자의 삶에서 끊임없이 반복됩니다. 칭찬하는 이들에게 감사하고, 비판하는 이들에게서 배울 점을 찾는 것은 중요합니다. 하지만 궁극적으로 나 자신을 든든히 세우는 주체는 나 자신이어야 합니다. 외부의 평가에 의존하는 순간, 언제든 중심을 잃을 위험이 있기 때문입니다.

의미론적 세계관을 가진 사람이라면 자신의 가치를 스스로 평가하는 것이 아니라 더 큰 목적 속에서 확신을 가질 수도 있습니다. 어떤 경우든 중요한 것은 내가 가는 길에 대한 깊은 이해와 스스로에 대한 신뢰입니다. 타인의 평가가 아니라 스스로의 신념과 내면의 확신을 기반으로 움직이는 것입니다. 그것이 경영자가 가져야 할 강한 정신력이며, 흔들리지 않는 리더가 되는 길입니다.

7. 사람은 관리하는 것이 아니라 관계 맺는 것입니다. 관계는 오직 개인 단위에서만 맺을 수 있습니다. 그러므로 유형화와 집단화의 오류를 범하지 말아야 합니다.

사람은 그 자체로 목적이고 수단화 될 수 없습니다. 그러므로 관리하려 들지 말고 관계를 맺어야 합니다. 또한 관계는 오직 인격과 인격의 교류이므로 집단으로 맺어질 수 없습니다. 집단화와 유형화는 개인의 인격을 소외시키고 그 사람의 배경이나 환경으로 보게 합니다. 지금 옆에 있는 사람은 MZ이거나 한국인이거나 혹은 I성향의 사람이거나 대졸이거나 한 것이 아니라 오직 개인으로서 존재하는 인격이라는 것을 잊지 말아야 합니다.

경영을 하다 보면, 사람을 하나의 숫자로 보거나 특정한 집단으로 유형화하는 실수를 저지르기 쉽습니다. 직원들은 '인사 데이터'가 되고, 고객들은 '매출 수치'가 되며, 협력 업체들은 단순한 '거래처'로 보일 때가 많습니다. 세대론이 강조되는 요즘, "MZ세대 직원들은 이렇다"거나 "고객들은 요즘 이런 성향을 가진다"는 식으로 일반화하는 경향도 강해졌습니다. 하지만 진짜 리더십은 관계 맺기에서 나옵니다. 사람은 관리 대상이 아닙니다. 각자가 하나의 인격체이며, 독특한 성향과 배경, 그리고 이야기를 가지고 있는 존재입니다. 조직을 운영하는 경영자는 직원들을 '집단'으로 바라보는 것이 아니라, 한 명 한 명의 개별성을 이해하려는 태도를 가져야 합니다.

예전에 한 경영자가 "우리 직원들은 요즘 MZ세대라서 회사에 대한 충성심이 없다"라고 말하는 것을 들은 적이 있습니다. 하지만 막상 이야기를 나눠보면, 직원들이 충성심이 없는 것이 아니라 단순히 '자신이 존중받지 못하고 있다'고 느끼고 있었던 것입니다. 세대적 특징으로 치부해버리면 문제의 본질을 놓칠 수 있습니다. 직원이 회사에 헌신하지 않는 이유는 단순히 세대의 특성 때문이 아니라, 개개인의 동기와 가치가 제대로 이해되지 못했기 때문일 가능성이 큽니다.

고객도 마찬가지입니다. 어떤 회사들은 시장을 분석하며 고객을 특정한 유형으로 구분합니다. 예를 들어, "2030 여성 소비자는 이런 제품을 선호할 것이다"라는 식으로 말입니다. 하지만 정작 시장에서 성공하는 브랜드들은 고객을 하나의 '집단'으로만 보지 않습니다. 고객 한 명 한 명이 각자의 필요와 감성을 가지고 있다는 것을 이해하는 기업들이 결국 충성도 높은 고객을 확보하게 됩니다.

사람을 유형화하는 것은 다양성을 이해한다는 점에서 유익한 점이 있습니다. 한 번의 분석으로 큰 그림을 이해할 수 있고, 데이터에 기반한 전략을 세우기가 쉬워집니다. 하지만 동시에, 그 사람의 개별성을 놓치게 됩니다. 조직을 이끄는 경영자는 데이터와 분석을 참고하되, 직원과 고객을 단순한 숫자가 아니라 하나의 인격으로 바라보는 태도를 가져야 합니다. 회사를 운영하다 보면 다양한 사람이 조직에 들어오고 나갑니다. 하지만 결국 남는 것은 '함께 일했던 사람들의 기억'입니다. 어떤 회사는 직원들에게 단순한 직장이었을 뿐이지만, 어떤 회사는 '함께 성장했던 곳'으로 기억됩니다. 이 차이는 리더가 사람을 어떻게 대했느냐에서 나옵니다.

조직을 운영하는 경영자라면, 사람을 유형화하고 관리하려 하지 말고,

한 명 한 명의 개별성을 이해하려는 태도를 가져야 합니다. 직원과 고객을 '하나의 세대, 하나의 그룹'으로 묶어버리는 것이 아니라, 각각의 인격체로 대하는 것. 그것이 결국 오래 가는 조직을 만드는 힘이 됩니다.

8. 궁금하면 물어보고, 미안한 것은 사과하고, 잘못한 것은 빨리 돌이키면 됩니다.

호기심이 사라지면 즐거움이 사라지고, 사과를 미루면 관계가 좁아집니다. 쉽게 물어보고 새로운 것을 즐기고, 미안한 것은 빨리 사과하는 사람이 강한 사람이고 겸손한 사람입니다. 겸손의 가장 확실한 표지는 배우려는 마음으로 하는 질문이기 때문에 성장하려거든 가르침 받는 것을 꺼려해서는 안됩니다. 제대로 배우려면 줄을 서야 하고, 면접을 봐야 하며, 마감일을 지키고, 그가 원하는 방식으로 말하고 행동해야 할 것입니다. 그걸 받아들이는 겸손함이 가르침을 받는 이가 가져야 할 모습입니다. 그러므로 배우려는 사람은 자신의 익숙함을 버리고 불편함과 어색함을 받아들여야 합니다.

배움을 멈춘 순간, 성장은 멈추게 됩니다. 경영자는 모든 것을 다 알 필요는 없지만, 배우려는 태도를 잃어서는 안 됩니다. 모르는 것이 있을 때 질문하지 않는 것은 문제입니다. "바쁜 척, 아는 척"하다가 정작 배워야 할 때 놓치는 경우가 많습니다. 처음에는 작고 사소한 실수일 수 있지만, 이런 태도가 쌓이면 결국 돌이킬 수 없는 차이를 만들어냅니다. 많은 경영자들이 '나는 배울 시간이 없다.'고 말합니다. 하지만 진짜 문제는 시간이 아니라 배움에 대한 태도입니다. 성공한 사람들을 보면 바쁜 와중에도 배우기를 멈추지 않습니다. 어떤 이는 책을 통해 배우고, 어떤 이는 멘토를 통해 배우며, 어떤 이는 현장에서 직접 부딪히면서 배웁니다. 중요한 것은 끊임없이 배우겠다는 마음가짐을 유지하는 것입니다.

성장하려거든 가르침받는 것을 꺼려해서는 안 됩니다. 제대로 배우려면, 때로는 줄도 서야 하고, 면접도 봐야 하며, 마감일을 지키고, 가르치는 사람이 원하는 방식대로 말하고 행동해야 합니다. 익숙한 방식에서 벗어나는 것이 불편하고 어색할 수도 있습니다. 하지만 그 불편함을 견디며 익숙함을 버리는 겸손이 결국 더 큰 배움을 이끕니다. 배움은 단순히 정보를 얻는 것이 아니라, 몸으로 익히고, 시행착오를 겪고, 내 것으로 만들기까지의 과정이 필요합니다. 그것이 겸손입니다. 겸손한 사람만이 배울 수 있습니다. 진짜 배움은 '내가 부족함을 인정하고 그가 말 하는 방식을 받아들이겠다.'는 태도에서 시작됩니다. 나는 완벽하지 않으며, 아직 모르는 것이 많다는 사실을 받아들이는 순간 진정한 성장이 가능해집니다. 배우는 것은 단순한 취미가 아니라, 경영자에게 반드시 필요한 습관입니다. 많은 사람들이 '나중에 시간이 생기면 배우겠다.'라고 말합니다. 하지만 배움에는 완벽한 타이밍이 없습니다. 경영자가 되고 나서 더 높은 자리에 올라갈수록 배워야 할 것은 오히려 많아집니다. 중요한 것은 시간이 아니라 배우려는 자세를 유지하는 것입니다.

배움은 겸손함에서 시작됩니다. 내가 부족하다는 것을 인정하고, 스스로를 낮추며 배우려 할 때 비로소 성장할 수 있습니다. 진정한 실력은 단순한 지식이 아니라, 직접 배우고 경험한 것에서 나옵니다. 그렇기에 경영자는 언제나 질문을 두려워하지 않고, 배우는 것을 꺼리지 않는 태도를 가져야 합니다. 배우는 것을 멈추지 마십시오. 그것이 결국 당신의 성장과 회사를 살리는 길이 될 것입니다.

9. 어딜 가든지 앞 자리에 앉아주고, 사진 찍을 때는 빨리 나가 주십시오. 진행하는 사람에게는 힘이 될 것이고, 사람들은 당신을 적극적이고 용기 있는 사람으로 볼 것입니다.

어떤 자리에 가든 앞줄에 앉는 사람과 뒷줄을 찾는 사람이 있습니다. 단체 사진을 찍을 때도 마찬가지입니다. 카메라 앞에 적극적으로 나서는 사람이 있는 반면, 뒤로 숨거나 망설이는 사람들도 있습니다. 그런데 흥미로운 점은, 이러한 태도가 단순한 우연이 아니라는 것입니다. 저는 세미나나 행사에서 맨 앞줄로 기꺼이 달려오는 분들을 보면 반갑습니다. 그리고 단체 사진을 찍을 때 주저 없이 가운데로 나오는 분들은 기억에 남습니다. 단순히 주목받고 싶어서가 아닙니다. 그들의 태도에서 '참여하려는 의지'와 '자신감'이 보이기 때문입니다. 적극적인 사람은 기회를 스스로 만들어 나가며, 주어진 환경에서 더 많은 것을 얻어 갑니다.

경영자는 무대의 앞자리에 있어야 하는 사람입니다. 조직의 중요한 의사 결정을 내리고, 변화를 주도하며, 방향을 제시하는 사람이기 때문입니다. 하지만 앞에 선다는 것은 단순히 눈에 띄는 것이 아니라, 책임을 지겠다는 자세를 의미합니다. 어떤 상황에서도 먼저 나서서 문제를 해결하고, 이슈가 생겼을 때 발 빠르게 대처하는 것이 경영자의 역할입니다. 어떤 사람들은 무대 앞에 서는 것을 부담스러워합니다. '나보다 더 잘하는 사람이 있겠지.', '괜히 나섰다가 실수하면 어쩌지?' 이런 생각이 머릿속을 스쳐 지나갑니다. 하지만 리더는 완벽해서 앞에 서는 것이 아닙니다. 리더는 먼저 움직이기 때문에 리더가 되는 것입니다.

스타트업을 운영하는 많은 경영자들을 보면, 성공하는 사람들의 공통점이 있습니다. 그들은 어떤 기회든 적극적으로 잡으려 합니다. 네트워킹 행사에서 눈에 띄게 움직이며, 연단에서 마이크를 잡고 의견을 말하며, 중요한 프로젝트에서 한발 더 나아갑니다. 제가 존경하는 한 선배 창업자는 말했습니다.

"내가 부족하다는 걸 알면서도 앞에 선다. 그래야 내 부족함을 채울 수 있는 사람들과 연결될 수 있기 때문이다."

경영자는 완벽한 사람이 아닙니다. 하지만 앞으로 나서서 기회를 만들고, 더 많은 경험을 쌓아야 합니다. 그러기 위해서라도 어디를 가든 앞자리에 앉고, 사진 찍을 때 먼저 나서는 습관을 길러야 합니다. 단순한 행동처럼 보일지 모르지만, 이는 중요한 태도의 차이를 만들어냅니다. 무대 앞자리에 서는 것은, 단순히 물리적인 위치의 문제가 아닙니다. 자신감과 주도적인 태도를 키우는 과정이며, 결국에는 더 큰 기회를 만들어 내는 행동입니다. 주어진 자리에서 한 걸음 더 나아가십시오. 그 작은 차이가 미래의 방향을 바꿀 수도 있습니다.

10. 검소함과 절약은 만사의 경쟁력입니다. 돈과 시간을 사용할 때 노하우가 됩니다.

돈을 많이 벌더라도 개인이나 조직이 가진 만족의 수준을 올리는 것은 위험한 일입니다. 진짜 부자들은 햄버거를 먹더라도 만족할 수 있는 사람입니다. 부자가 되서 얻는 유익은 만족할 수 있는 선택권을 넓히는 것이지 '비싼 제품'을 가져야만 만족한다면 오히려 선택권을 더 좁아지는 것이 됩니다. 또한 소득의 수준보다 소비의 수준이 더 높아지지 않도록 주의해야 나눔의 공간이 생깁니다. 사치를 자랑거리로 삼지 말고 검소를 자랑으로 삼는 것이 좋습니다. 하지만 스스로 궁색함을 느낄 정도로 하라는 것은 아닙니다.

돈을 많이 번다고 해서 소비 수준이 자동적으로 올라가는 것은 아닙니다. 오히려 검소함이야말로 지속 가능한 성공을 위한 전략적인 선택이 될 수 있습니다. 삶에서 검소함을 유지하는 것은 단순히 돈을 아끼는 것이 아니라, 올바른 재정 운영을 통해 더 큰 영향력을 만들어 가는 과정입니다.

수년 전 미국의 한 방송 프로그램에서 '목적이 이끄는 삶'으로 유명한 베스트셀러 작가인 '릭 워렌'의 인터뷰를 기억합니다.

"당신은 어떻게 당신의 라이프스타일을 유지하는 비결이 무엇입니까? 거액의 강연료나 전 세계적으로 팔린 책으로 엄청나게 수익이 있는데 그렇게 많은 돈을 벌고도 어떻게 평상시의 삶을 유지합니까?"

릭 워렌은 이렇게 대답했습니다.

"저는 저의 소득이 늘어나는 초기에 아내와 상의했습니다. 그리고 우리 둘은 한 가지 원칙을 세웠습니다. 책 판매량이 늘어나고 인세 수익이 증가하는 시점에서 저의 월급 기준을 평생 동안 동일하게 유지하기로 했습니다. 그리고 그 이후의 모든 추가적인 수익은 재단을 설립하여 기부하기로 했습니다. 뿐만 아니라, 저는 그 재단의 운영에 일체 관여하지 않기로 했습니다."

그는 삶의 태도 자체를 검소하게 유지하면서도, 더 큰 목적을 위해 재정을 운영하는 모습을 보여주었습니다. 단순히 검소한 생활을 하는 것이 중요한 것이 아니라, 절제된 소비를 통해 더 많은 사람들에게 베풀 기회를 만드는 것이 진정한 재정 운영의 지혜라는 것입니다. 저희 가정도 완벽하게 그렇게 살고 있지는 않지만 점점 내 소비 패턴을 조절하면서 검소한 삶을 실천해 나가고 있습니다. 소득이 오르는 속도보다 지출 증가 속도를 더 완만하게 유지하면서, 생긴 여유를 주변 사람들에게 베풀 기회로 만들고 있습니다. 검소함과 전략적인 재정 운영은 단순한 미덕이 아니라, 삶의 경쟁력이 됩니다. 중요한 것은 궁색한 삶을 사는 것이 아닙니다. 절제와 절약을 통해 나와 내 가족이 안정적으로 살면서도 동시에 남을 도울 수 있는 여유를 만드는 것입니다. 소비를 과시하는 것이 아니라 베풀고 투자할 공간을 만들어 가는 것입니다.

어떤 사람은 자신 산 가방을 들고 '얼마나 비싼 것을 샀다.'고 자랑하고, 또 다른 사람은 '얼마나 저렴하게 샀다.'고 자랑합니다. 둘 다 '자랑'이지만 생각하는 방식은 완전히 다릅니다. 후자의 태도를 가진 사람이 결국 더 많은 것을 이루고, 더 많은 사람들에게 긍정적인 영향을 미칠 가능성이 높습니다. 이제 기업가들은 단순히 돈을 버는 것이 아니라, 그 돈을 어떻게 관리하고, 어떻게 의미 있게 사용할 것인가를 고민해야 합니다. 기업이라면 세금을 많이 내는 것을 즐거워하고 그 재원이 사회적 약자를 돌보는 데 쓰이게 해야 합니다. 개인적으로도 지출을 철저히 관리하면서도, 필요한 곳에는 아낌없이 나누는 태도를 가져야 합니다. 그 공간에서 자부심을 얻을 수 있습니다.

궁극적으로 돈을 잘 관리하는 것이란 단순히 절약하는 것이 아니라, 올바른 곳에 쓰고 더 많은 사람을 도울 기회를 만들어 가는 것입니다. 그것이 진정한 재정 운영의 철학이며, 경영자가 가져야 할 태도입니다.

11. 있는 곳에서 문제가 없다면 누군가의 섬김이 있는 것입니다. 사소한 일을 하는 사람들과 다투지 말고, 기회 있을 때마다 감살르 표하십시오. 그것이 사소한 일상에 소소한 행복을 줄 것입니다.

회사가 아무 문제 없이 돌아가고 있다면, 그것은 결코 당연한 일이 아닙니다. 보이지 않는 곳에서 누군가는 묵묵히 일을 하고 있기 때문입니다. 바닥이 늘 깨끗한 것은 누군가가 매일 청소를 하고 있기 때문이고, 커피 머신이 항상 준비되어 있는 것은 누군가가 신경 쓰고 있기 때문입니다. 급여가 제때 들어오고, 계약서가 깔끔하게 정리되어 있으며, 사무실에 필요한 물품들이 항상 준비되어 있는 것 – all of 이것은 보이지 않는 섬김의 결과입니다.

많은 경영자들이 회사가 문제 없이 운영되는 것을 '사소한 일'로 당연하게 여깁니다. 회사의 성장과 큰 프로젝트에 집중하느라 이런 보이지 않는 노고를 쉽게 지나쳐버립니다. 하지만 조직을 오래 운영해 본 사람이라면 겉으로 드러나는 성과보다 보이지 않는 섬김이 조직을 지탱하는 진짜 힘이라는 것을 압니다. 어느 조직이든 사소한 일을 하는 사람들의 역할이 중요합니다. 그들은 회사가 부드럽게 운영되도록 돕고, 문제를 미리 예방하며, 갈등을 조정하고, 위기를 사전에 차단하는 역할을 합니다. 하지만 아이러니하게도 그들의 노력은 문제가 발생하지 않는 한 잘 보이지 않습니다. 이런 보이지 않는 섬김을 존중하는 조직과 그렇지 않은 조직은 시간이 지나면 큰 차이를 보입니다. 존중받지 못한 직원들은 점점 동기를 잃고, 조직은 보이지 않는 균열이 쌓이며 무너질 가능성이 높아집니다. 반면, 작은 일이라도 '당신의 노력이 조직에 큰 도움이 됩니다.'라는 메시지를 전달하는 조직은 건강하게 성장할 가능성이 큽니다.

종종 우리는 '인사는 비용이 들지 않는다.'라고 말합니다. 하지만 사실 감사의 표현은 단순한 말 한마디를 넘어서야 합니다. 작은 선물을 준비하거나 직접 손편지를 써서 전달하는 것, 혹은 진심이 담긴 칭찬을 하는 것은 조직 문화에 깊은 영향을 미칩니다. 기업이 성장할수록, 리더는 조직의 '보이지 않는 부분'을 더 많이 들여다봐야 합니다.

- 회의실이 정리되어 있는 것은 누군가가 신경 쓰고 있기 때문입니다.
- 고객의 불만이 줄어든 것은 누군가가 미리 대응하고 있기 때문입니다.
- 팀원들이 큰 갈등 없이 일하는 것은 누군가가 보이지 않게 다리를 놓아주고 있기 때문입니다.

경영자는 그 섬김을 외면해서는 안 됩니다. 오히려 더 세심하게 바라보고 감사를 표현해야 합니다. 작은 배려가 조직 전체의 분위기를 바꾸고, 사람들이 스스로 더 큰 책임을 지게 만듭니다. 회사와 공동체를 지탱하는 것은 거창한 비전이 아니라 사소한 일을 묵묵히 해내는 사람들의 힘입니다. 그들을 존중하고, 감사하는 태도를 가진 조직이야말로 진정으로 오래 갈 수 있습니다.

12. 자유와 선택의 가치를 소중히 여기고, 스스로 선택한 삶을 책임 있게 살아가는 자유인이 되십시오. 세금을 받아서 사는 사람이 되지 말고 세금을 많이 내는 사람이 되십시오. 동시에 국가의 기능에만 의존하지 말고 지원에서 소외된 사람을 내가 가진 돈과 시간, 재능으로 기부하십시오.

진정한 자유는 책임을 동반합니다. 인간은 자유가 없는 풍족함보다 자유로운 궁핍함을 추구하는 존재입니다. 책임 없는 자유는 결국 타인의 희생을 바탕으로 한 것이며 지속될 수 없습니다. 모든 구성원들에게 선택권이 살아있는 방향으로 소통하고, 그들이 스스로 선택하고 선택한 결정에 책임을 지며, 책임있는 일에 성취와 보람을 느끼도록 해주십시오. 경영자라면 이 사실을 누구보다 깊이 이해해야 합니다.

사업을 운영하다 보면 정부지원금이나 각종 정책적 혜택이 필요할 때가 있습니다. 특히 스타트업이나 소규모 기업일수록 이런 지원이 큰 도움이 될 수 있습니다. 하지만 여기서 중요한 것은 정부의 지원은 보조 수단일 뿐, 생존의 기반이 되어서는 안 된다는 점입니다. 지원에만 의존하는 기업은 결국 자생력을 기르지 못하고, 스스로 성장할 기회를 잃게 됩니다. 기업을 운영하는 사람이라면 '공짜'를 경계해야 합니다. 누군가로부터 공짜를 지원받는다면 결국은 그가 요청하는 규제와 지휘를 따라야 하는 상황이 됩니다. 진정한 성장은 스스로 선택한 길에 대한 책임을 지고, 그 과정에서 시행착오를 겪으며 이루어지는 것입니다. 스스로의 힘으로 성장하지 않고, 외부의 도움에 의존하려 하면 자율성을 잃고, 결국엔 자신의 의사결정권까지 타인에게 넘겨줄 위험이 있습니다.

진짜 자유인은 자신이 내린 결정에 대해 책임을 지는 사람입니다. 내가 선택한 길에서 생기는 문제를 다른 사람 탓으로 돌리지 않고, 해결 방법을 찾으며 앞으로 나아가는 태도를 가진 사람입니다. 동시에 그런 과정을 통해 더 큰 자유를 누리며, 남을 도울 수 있는 여유까지 만들어 갑니다.

큰 기업이 되면 사회적 책임이 따릅니다. 단순히 매출을 올리는 것만이 아니라, 사회에 환원하는 방식까지 고민해야 합니다. 세금을 내는 것도 단순한 의무가 아니라, 그 재원이 사회적 약자를 돌보는 데 쓰일 수 있도록 기여하는 것이라는 마인드를 가져야 합니다. 많은 기업가들이 자선활동을 하고, 재단을 설립하는 이유도 결국 자신이 받은 자유를 사회에 돌려주기 위함입니다.

경영자는 선택의 연속 속에서 살아갑니다. 중요한 것은 자유를 누릴 준비가 되어 있는가, 그리고 그 자유에 대한 책임을 질 각오가 되어 있는가입니다. 자유와 책임은 떼려야 뗄 수 없는 관계입니다. 스스로 선택한 삶에 대한 책임을 지는 사람이 될 때, 비로소 진정한 자유를 누릴 수 있습니다. 그런 사람이 경영자가 되어야 하며, 그런 태도가 기업을 오래 가게 만듭니다.

13. 우리 사회의 보수와 진보는 상호 보완적입니다. 하지만 진리가 아닌 관습까지 지키고자 하는 수구주의자들을 경계하고, 진리 자체를 부정하는 급진주의자들을 피해야 합니다.

목욕탕에는 두 종류의 바보가 있습니다. 하나는 목욕물 버리다 아기까지 버리는 바보입니다. 본질에 대해서는 일치를 보아야 하며 본질이 아닌 것에 대해서는 다양성과 포용성을 가지고 받아 들여야 합니다. 그리고 이 두가지를 구별할 수 있는 지혜가 필요하고 서로 다른 주장을 가진 사람이라 하더라도 인격을 수용하는 자세가 필요합니다. 또다른 바보는 샤워실에서 물을 틀어 두고 '앗뜨거'와 '앗차거'를 반복하는 바보입니다. 너무 뜨거웠다 너무 차거웠다를 반복하는 것입니다. 어느 쪽이든 지나침은 부족한만 못한 법입니다. 시류와 상황에 너무 치우치지 말고 오직 자신이 구성원들가 함께 정한 지향하는 바, 삶의 지향점에 따라 살아 가십시오.

"목욕물을 버리다가 아기까지 버리는 바보가 되지 말고, '아 뜨거워'·'아 차가워'를 반복하는 바보가 되지도 말라."

이 말은 정치적 보수와 진보 논쟁에서 자주 등장하는 우화이지만, 경영 현장에서도 똑같이 적용됩니다. 기업을 운영하다 보면 전통과 원칙을 고수하는 태도와 혁신을 추구하는 새로움 사이에서 일관성을 유지해야 하는 도전이 찾아옵니다. 전통만을 고수하다 보면 변화가 필요한 순간에도 기존 방식을 고집하다가 도태될 수 있습니다. 반면, 새로움을 쫓느라 과거의 소중한 가치와 조직의 핵심 유산까지 버린다면 기업의 정체성이 사라지고 안정성도 무너질 수 있습니다.

경영자의 역할은 '무엇이 진짜 본질인가?'를 끊임없이 고민하는 것입니다. 단순히 과거 방식이라서 버리는 것도 새로운 것이기 때문에 무조건 받아들이는 것도 정답이 아닙니다. 중요한 질문은 구성원과 함께 하기로 한 사명과 비전을 향하여 가는 길인가?' 입니다. 기업이 성장하면서 반드시 고민해야 하는 것이 있습니다. '우리가 유지해야 할 전통은 무엇인가?', 그리고 '우리가 개선하고 혁신해야 할 것은 무엇인가?' 이 두 가지 질문을 끊임없이 던져야 합니다. 애플의 스티브 잡스는 기술 혁신을 중요하게 여겼지만, 브랜드의 정체성과 철학은 끝까지 유지했습니다. 일론 머스크는 전기차라는 혁신을 이끌었지만, 자동차의 기본적인 가치인 '안전성과 신뢰성'을 놓치지 않았습니다. 반대로 수많은 기업들이 트렌드만 좇다가 정체성을 잃고, 고객의 신뢰를 잃은 채 사라졌습니다.

기업 운영뿐만 아니라 조직 문화에서도 이 균형이 필요합니다. 새로운 방식의 업무 시스템을 도입하더라도, 기존 직원들이 가지고 있던 긍정적인 문화와 팀워크를 지켜야 합니다. 고객을 대상으로 혁신적인 서비스를 출시하더라도, 기존 고객층이 소외되지 않도록 배려해야 합니다. 경영자는 유행에 휩쓸리지 않고, 깊이 고민하며 본질을 지켜야 하는 사람입니다. '이 변화가 우리 조직을 더 건강하게 만들 것인가?', '이 전통을 유지하는 것이 우리 고객들에게 더 큰 가치를 제공하는가?'라는 질문을 계속 던져야 합니다. 무조건 과거를 부정하지도, 무조건 새로운 것을 받아들이지도 않는 것. 오직 조직과 고객에게 실질적인 유익이 되는 방향으로 판단하는 것. 그것이 진정한 경영자의 태도입니다.

14. 자기 확신은 대담함과 용기를 주지만 때로는 오만과 편견을 만들어 낸다. 'O'점에서 다시 생각하고 확신을 쌓아 올리는 작업을 반복해야 고집이 아닌 뚝심이 될 수 있습니다.

내가 알고 믿고 있는 것을 언제나 회의해보고 근본으로 돌아가 지성을 다시 쌓아 올릴 때 삶이 풍성해 질 수 있습니다. 우리는 특정한 시대와 지역에서 일하고 있으며 그 시기와 지역에 지배적인 문화 사회적인 특성의 영향으로부터 자유롭지 않습니다. 우리가 모두 옳다고 생각하는 것도 과거 100년 전으로만 돌아가도 부정됩니다. 이 시대의 문화 속에서 답을 찾고 고객에게 보다 나은 서비스를 제공하기 위해 노력하는 것입니다. 그러므로 지나친 근본주의나 극단주의는 경영자에게 도움이 되지 않습니다.

경영자는 확신을 가진 사람이어야 합니다. 수많은 선택의 순간에서 흔들리지 않고 결정을 내려야 하며, 불확실한 미래 속에서도 방향을 정하고 팀을 이끌어야 합니다. 하지만 자기 확신이 지나쳐 '내가 항상 옳다'라는 착각에 빠지는 순간, 오만이 되고 위기가 찾아옵니다.

"내가 알고 믿는 것을 언제나 회의해 보고, 근본으로 돌아가 지성을 다시 쌓아 올려라."

데카르트의 이 말처럼 경영자는 끊임없이 자신의 생각을 점검해야 합니다. 한때 옳았던 판단이 시간이 지나면서 틀릴 수도 있고, 새로운 정보가 나오면서 다른 길이 더 나을 수도 있습니다. 하지만 자기 확신에 사로잡힌 리더는 변화를 받아들이지 못하고, 결국 자신의 생각을 고집하는 함정에 빠지게 됩니다. 겸손한 리더는 자기 확신을 가졌으면서도, 동시에 자신이 틀릴 수도 있음을 인정하는 태도를 가집니다. 이를 위해서는 자신의 결정을 유연하게 재점검할 수 있도록 열어두는 자세가 필요합니다. 주변에 신뢰할 만한 멘토나 동료를 두고, 내가 미처 보지 못한 점을 지적받을 수 있도록 해야 합니다.

시시때때로 자신에게 물어야 합니다.
"왜 이 결정을 내렸는가?"
"이 판단은 여전히 유효한가?"
"혹시 다른 시각에서 보면 내가 틀린 것은 아닐까?"

이런 질문을 지속적으로 던지며 겸손하게 배우는 리더야말로 더 큰 리더십을 갖출 수 있습니다.
실제로 세계적인 리더들은 모두 자기 확신과 겸손함을 동시에 갖추고 있었습니다. 스티브 잡스조차도 중요한 순간마다 주변의 날카로운 피드백을 받아들였고, 빌 게이츠는 자신의 신념이 강했지만 끊임없이 배우며 유연성을 유지했습니다. 오만한 리더는 사람들의 말을 듣지 않습니다. 자신의 방식이 가장 옳다고 믿고, 변화를 받아들이기를 거부합니다. 하지만 진짜 강한 리더는 겸손함 속에서 더욱 강해집니다. 확신을 갖되 언제든 더 나은 길이 있다면 받아들일 준비가 되어 있는 사람. 그런 사람이 결국 더 오래가고 더 많은 사람들에게 신뢰를 받는 리더가 됩니다. 겸손함을 잃지 않고 끊임없이 배우는 자세를 유지하는 것이, 더 깊이 있는 리더십을 만드는 길입니다.

15. 친구는 일부러 많이 사귀지도 말고, 적게 사귀지도 말고 삶의 흐름에 따라 하십시오.

당신은 당신이 최근에 만난 다섯 사람의 평균이라는 말처럼 우리는 우리 주변의 사람들을 통해서 정체성이 드러납니다. 경영자에게도 우정이 필요합니다. 우정은 10년 정도 위 아래로 넓게 보고 만나는 것이 좋습니다. 10년 연상의 우정은 나에게 편안함을 줄 것이고, 10년 연하의 우정은 나에게 활력을 줄 것입니다. 연장자를 존중하되 나이로 사람을 보지 말고 그 사람의 삶의 지혜와 열매를 보는 것이 좋습니다. 또한 당신을 당신의 나이로 평가하려는 사람을 피하고 나의 고유한 가치로 너를 바라보는 사람을 가까이 하십시오.

네트워크는 경영자에게 필수적인 요소입니다. 하지만 인간관계는 억지로 만들 수도, 일부러 피할 수도 없는 것입니다. 친구를 일부러 많이 사귀지도, 적게 사귀지도 말고, 삶의 흐름에 따라 만나는 것이 좋습니다.

창업 경영자들 중에는 네트워크를 확장하는 것이 중요하다는 조언을 듣고, 무리하게 많은 사람들과 관계를 맺으려 애쓰는 경우가 많습니다. 반대로, 너무 폐쇄적으로 혼자 모든 것을 감당하려 하다가 필요한 순간에 도움을 받을 사람조차 없는 경우도 있습니다. 하지만 인간관계는 자연스럽게, 진정성 있게 맺어진 인연이 가장 오래 가는 법입니다. 경영자에게 필요한 네트워크는 단순히 명함을 교환하는 관계가 아닙니다. 서로의 가치를 인정하고, 신뢰를 쌓아가는 과정 속에서 형성되는 네트워크입니다. 억지로 많은 사람을 만나려고 하면 깊이 있는 관계를 맺기가 어렵고, 너무 소극적으로 있으면 중요한 기회를 놓칠 수 있습니다. 중요한 것은 '다양한 세대와

섞여 지내는 것'입니다. 자신보다 더 많은 경험을 가진 연장자들과 교류하면서 인생과 경영의 지혜를 배울 수 있습니다. 또래의 동료들과 협력하면서 같은 시대를 살아가는 사람들과 고민을 나누고 함께 성장할 수 있습니다. 후배들과 어울리면서 새로운 시각과 트렌드를 접하고, 스스로를 돌아볼 기회를 가질 수 있습니다.

사람을 나이로 판단하지 말라는 조언은 여기에서도 적용됩니다. 어떤 이는 젊고 깊이 있는 통찰을 가지고 있고, 또 어떤 이는 나이가 많고 열린 사고를 가지고 있습니다. 네트워크의 가치는 숫자가 아니라, 그 안에서 배우고 성장할 수 있는 관계에 있습니다. 네트워크를 잘 활용하는 사람들은 단순히 인맥을 넓히려 하기보다 의미 있는 관계를 맺는 데 집중합니다. 한 번 만난 사람에게 먼저 도움을 요청하는 것이 아니라 먼저 도와줄 방법을 찾습니다. 서로에게 실제로 도움이 될 수 있는 신뢰를 쌓아갑니다. 사람을 만날 때, 내가 무엇을 얻을 수 있을까 보다 내가 무엇을 줄 수 있을까를 생각합니다.

경영자는 결국 사람을 통해 배우고, 사람을 통해 성장하며, 사람을 통해 문제를 해결합니다. 네트워크를 억지로 만들려 하지 말고, 열린 마음으로 삶의 흐름 속에서 자연스럽게 만난 사람들과 진정성 있는 관계를 만들어가십시오. 그런 관계가 결국 당신의 인생과 경영에 가장 큰 자산이 될 것입니다.

16. 책의 힘을 가볍게 여기지 마십시오. 미래에도 스스로의 문해력으로 생각하고 구성하며 표현하는 능력은 책을 통해서 이루어 질 것입니다. 언제나 책을 가까이 하고 읽으십시오.

책을 읽는 것은 정보의 습득 이상으로 지성과 감성를 풍부하게 해 줄 것이며, 깊은 사색과 사고를 가능하게 하는 열쇠입니다. 인간은 문자 체계를 가지면서 지식의 확보, 공유, 저장을 풍부하게 만들었습니다. 인간 사고력의 상당 부분은 문자 상징 체계를 이해하면서 발달합니다. 책은 가능한 종이책을 그대로 읽을 것을 권합니다. 사람은 2차원의 모니터보다 3차원의 공간 속에서 감각을 살려 읽는 종이책을 통해 습득하는 것을 좋아합니다. 고전을 읽으면 단어의 풍부함을 얻을 것이고, 에세이를 읽으면 논리가 강해질 것이며, 문학을 읽으면 인간의 삶에 대한 이해가 깊어질 것입니다.

경영자는 바쁩니다. 끊임없이 회의를 하고 사람들을 만나고 결정을 내려야 합니다. 그러다 보면 부득불 책이 멀어지게 됩니다. 하지만 독서는 단순한 지식 습득 이상의 가치를 지닙니다. 독서를 통해 우리는 더 넓은 시야를 가지게 되고, 의사결정을 할 때 사고력을 깊게 만들 수 있습니다.

책을 읽는다는 것은 단순히 정보를 얻는 행위를 뛰어 넘어 독서는 우리의 사고방식을 정리하고, 감정을 풍부하게 하며, 세상을 바라보는 관점을 확장시켜 줍니다. 빠르게 변화하는 시대일수록 경영자는 단순한 트렌드가 아니라 본질을 꿰뚫는 통찰력을 길러야 합니다. 그 통찰력은 독서를 통해 다져집니다.

가능하다면 업무 서적뿐만 아니라, 고전, 문학, 에세이 등 다양한 분야의 책을 접하는 것이 좋습니다. 고전을 읽으면 언어의 풍부함과 깊이를 배울 수 있고, 문학을 통해 사람의 마음을 이해하는 감수성을 기를 수 있으며, 에세이를 읽으면 논리적 사고력과 표현력이 향상됩니다. 이런 다양한 독서는 단순히 개인적인 성장뿐만 아니라, 조직을 운영하는 데도 긍정적인 영향을 미칩니다. 사람의 심리를 이해하고, 다양한 관점을 존중하며, 깊은 사색 속에서 더 나은 선택을 할 수 있는 힘을 길러 줍니다.

요즘은 디지털 기기를 통해서도 손쉽게 독서를 할 수 있지만, 가능하다면 직접 종이책을 읽는 것을 추천합니다. 책장을 넘기면서 집중할 수 있는 시간이 길어지고, 깊이 있는 사고를 할 수 있는 환경이 만들어지기 때문입니다. 독서는 단순한 취미가 아니라, 경영자에게 있어 반드시 필요한 습관입니다.

책을 읽지 않는 리더는 결국 한계에 부딪힙니다. 경험만으로는 해결할 수 없는 문제들이 찾아올 때, 독서를 통해 쌓은 지혜가 해답이 될 수 있습니다. 바쁜 일상 속에서도 시간을 내어 책을 읽고, 그 속에서 나오는 깊은 통찰을 조직 운영과 삶에 적용해 보십시오. 독서가 단순한 정보 습득을 넘어, 더 나은 리더로 성장할 수 있도록 돕는 가장 강력한 도구가 될 것입니다.

17. 섬김에 힘이 있습니다. 누군가를 변화시키고 싶다면 해답은 오직 하나, 섬김의 힘 밖에 없습니다.

내가 섬길 수 있는 여력이 없다면 그에게 리더십을 발휘하기 어렵습니다. 차라리 변화시키려 하기 보다는 설득하거나 협상하는 것이 더 낫습니다. 엄마의 리더십을 기억해야 합니다. 우리가 엄마에게 순종하는 이유는 그의 탁월함이나 전문성이 아니라 섬김이라는 점입니다. 그래서 리더십의 가장 상위의 영향력은 바로 섬김입니다.

가정에서도 아이가 엄마 말을 잘 듣는 이유는 엄마가 언제나 옳은 말만 해서가 아닙니다. 아이는 엄마가 자신을 돌봐주고, 희생하며 사랑을 베풀어 왔기 때문에 신뢰하고 따릅니다. 조직에서도 마찬가지입니다. 직원들에게 '이렇게 해라, 저렇게 해라. 내 말이 맞으니 따르라!' 라고 지시한다고 해서 지속 가능한 변화가 생기지 않습니다. 리더는 먼저 직원들을 섬기고, 그들이 일할 수 있도록 지원해 주어야 합니다. 단순히 급여를 주는 것이 아니라, 그들이 성장할 수 있도록 돕고, 일하기 좋은 환경을 만들며, 그들의 필요를 채워주려는 마음이 있어야 합니다. 그렇게 할 때, 직원들은 자발적으로 움직이며, 진정한 리더십이 자리 잡게 됩니다.

섬김의 리더십을 실천하는 것은 결코 약함을 의미하는 것이 아닙니다. 오히려 가장 강력한 리더십입니다. 뛰어난 리더들은 모두 공통적으로 구성원의 필요를 이해하고, 조직이 잘 운영되도록 보이지 않는 곳에서 헌신합니다. 스스로 모든 결정을 내리기보다, 직원들에게 자율성을 부여하고 그들이 성장할 수 있도록 기회를 제공합니다. 하지만 현실적으로 때로는 아직 직원들을 충분히 섬길 여력이 없을 수도 있습니다. 사업 초반이거나 조직이 위기를 겪고 있을 때는 자원을 나누는 것이 쉽지 않습니다. 그럴 때라 하더라도 강압적인 리더십보다는 협상과 설득을 택하는 것이 더 나은 선택이 될 수 있습니다. 섬김의 리더십이 이상적인 모델이지만 현실적 한계를 고려하여 유연하게 접근하는 것도 중요한 경영자의 자세입니다.

조직을 이끄는 가장 효과적인 방법은 사람을 강제로 움직이게 하는 것이 아니라, 스스로 따르고 싶게 만드는 것입니다. 직원들이 '이 리더는 우리를 위해 헌신하고 있다.'는 것을 느낄 때, 그들은 자연스럽게 주인의식을 가지고 일하게 됩니다. 그런 조직이 결국 지속 가능한 성장을 이루고, 사람과 함께 성장하는 기업이 됩니다.

18. 새가 날아가다 머리에 똥을 싸는 것은 어쩔 수 없지만 둥지를 틀게 해서는 안됩니다.

누구나 실수를 할 수 있지만 그것이 반복되어서는 안됩니다. 또한 유혹의 공간에서 그것을 즐기는 길로 가서는 안됩니다. 그것이 깨진 유리창이 되어 네 삶을 송두리 흔들 수 있습니다. 돈과 권력, 이성의 유혹은 이기려 하지 말고, 스스로를 크로스체크 해 줄 수 있는 시스템과 환경을 통해 피해가야 합니다.

살다 보면 원치 않는 실수를 하기도 하고, 예상치 못한 유혹에 직면하기도 합니다. 하지만 중요한 것은 그 실수를 어떻게 다루느냐, 그리고 유혹이 자리 잡지 못하도록 미리 차단할 수 있느냐의 문제입니다.
"새가 머리 위에 똥을 싸는 건 어쩔 수 없지만, 둥지를 틀게 해서는 안 된다."

이 속담은 실수는 누구나 할 수 있으나 그 실수가 반복되거나, 심지어 습관이 되어버리면 책임을 져야 하는 상황이 된다는 뜻입니다. 실수는 한 번이면 깨닫고 바로잡을 수 있지만 같은 실수를 여러 번 반복하면 결국 그것이 습관이 되고, 어느 순간 되돌아갈 수 없는 지경에 이르게 될 수 있습니다. 특히 경영자에게 있어서 치명적인 실수는 회사의 명성과 신뢰뿐만 아니라, 조직 전체의 존립까지 위협할 수 있습니다.

예를 들어, 회사 자금을 소홀히 관리하는 것은 한 번의 작은 실수일 수 있습니다. 하지만 이 습관이 계속되면 재무 리스크가 커지고, 결국 회사 전체가 흔들릴 수도 있습니다. 개인적인 관계에서도 마찬가지입니다. 그래서 가장 중요한 것은 실수가 둥지를 틀지 못하도록 사전에 차단하는 시스템을 갖추는 것입니다. 기업 운영에서는 투명한 재무 관리 시스템을 만들고, 윤리적인 기준을 철저하게 지키는 내부 견제 장치를 마련하는 것이 필요합니다. '나는 절대 그런 실수를 안 해!'라고 자만하는 것은 위험합니다. 오히려 자신도 실수를 할 수 있다는 것을 인정하고, 그런 실수를 미리 방지할 수 있는 환경을 조성하는 것이 더 현명한 접근법입니다.

경영자의 역할은 단순히 위기 상황을 해결하는 것이 아닙니다. 애초에 위기가 발생하지 않도록 방지하는 것도 경영자의 중요한 책임입니다. 실수는 인간적일 수 있지만 그것을 방치하는 것은 리더의 무책임입니다. 유혹은 누구에게나 찾아올 수 있지만, 그것이 뿌리내릴 수 없도록 시스템을 만들어 놓는 것이 경영자의 지혜입니다.

큰 위기는 작은 실수에서 시작됩니다. 하지만 그 실수가 계속 반복되면 어느 순간 돌이킬 수 없는 상황이 됩니다. '나는 그런 실수를 하지 않을 것이다.'라는 자만을 버리고, 애초에 실수와 유혹이 자리를 잡기 어려운 환경을 만들어 두십시오. 그것이 경영자 자신을 보호하고, 조직을 건강하게 유지하는 가장 확실한 방법입니다.

19. 나에게 공짜로 주어진 생명과 시간, 재능과 환경을 내 것처럼 함부로 사용하지 말고 맡겨졌다는 마음으로 사용하는 것이 지혜입니다.

동서양의 현자들은 자신의 삶에 소명을 발견하고 나에게 주어진 삶이 누군가를 위한 소명이라는 마음으로 살아 갑니다. 그들은 자신의 삶을 청지기의 마음으로 살 때 중용의

덕을 실천합니다. 또한 자신의 주변사람들의 지금의 문제 뿐 아니라 전인류적인 상상력과 다음세대의 유익을 고려한 결정을 합니다. 이런 관점을 가지고 경영자도 직원과 고객을 위할 뿐 아니라 사회와 미래세대에게 유익을 고려한 결정을 해 가는 것입니다.

경영자는 단순히 회사를 운영하는 사람이 아닙니다. 맡겨진 자원을 책임감 있게 관리하는 사람입니다. 기업을 운영하다 보면, 많은 경영자들이 '내가 이 회사를 만들었고, 이 성공은 내 것이다'라고 생각하기 쉽습니다. 하지만 조금만 더 깊이 들여다보면, 재무, 인력, 네트워크, 그리고 사업 기회까지 모든 것이 내가 100% 통제할 수 있는 것이 아닙니다. 많은 요소들이 외부 환경, 시대적 흐름, 그리고 예상치 못한 기회에 의해 결정됩니다. 결국, 경영자는 스스로 기업의 주인이면서도 동시에 '맡겨진 것을 잘 관리해야 하는 관리자'라는 청지기 의식을 가져야 합니다.

이 마음을 가지면, '오너십'과 '청지기 의식'이 균형을 이루게 됩니다. 회사가 내 것이라고만 생각하면, 방종해질 위험이 있습니다. 자원을 사적으로 남용할 수도 있고, 순간의 욕심에 따라 무리한 결정을 내릴 수도 있습니다. 반대로 '나는 아무것도 아니다'라는 생각에 빠지면, 주어진 책임을 소홀히 하거나, 중요한 결정 앞에서 주저하게 될 수 있습니다.

성경에는 '맡은 자들에게 구할 것은 충성이니라.'라는 말이 있습니다. 이 말씀은 단순히 종교적인 의미를 넘어, 경영과 리더십에서도 깊은 통찰을 제공합니다. 사명을 맡은 사람들이 맡겨진 역할에 충성하고, 책임감을 가져야 한다는 점입니다. 경영자는 단순히 자기 이익을 위해 기업을 운영하는 것이 아니라, 직원과 고객, 사회 전체에 기여하는 방식으로 운영해야 합니다.

성공한 경영자들은 단순히 이익을 극대화하는 것이 아니라, 더 큰 가치를 창출하는 사람들입니다. 기업의 성장은 개인의 욕심을 채우는 것이 아니라 직원과 고객, 사회에 기여하는 방식으로 이어져야 합니다. 내 것이 아니기에 더 신중하고 맡겨진 것이기에 더 책임감 있게 운영하는 태도가 필요합니다.

선한 청지기 정신을 가진 경영자는 단순히 '잘 버는 사람'이 아니라, '잘 맡아서 운영하는 사람'입니다. 결국 중요한 것은, 어떻게 하면 맡겨진 자원을 가장 가치 있게 사용할 것인가입니다. 이것이야말로 기업을 지속 가능하게 하고, 경영자를 더 큰 리더로 성장시키는 가장 중요한 원칙입니다.

20. 멋있게 입고 어디서든 그 순간의 즐거움을 누리십시오. 경영은 인생 공원에서 자유이용권을 얻은 것과 같습니다. 다양하게 시도하고, 잘 되는 것에 집중하고 보다 많은 사람들에게 가치를 전하십시오. 인생공원 입장권을 냈으면 자유이용권을 마음껏 누리십시오.

정오에 반짝이는 한강의 윤슬, 인도 캘커타 어린이집 아이들의 눈망울, 그리고 보라카이 해변에서 바라보는 석양, 멘하탄 엠파이어스테이트 빌딩에 반사되는 허드슨 강의 물결, 병풍처럼 펼쳐진 나이아가라의 폭포, 끝없이 펼쳐진 이집트 사막의 모래의 뜨거움, 갖가지 맛과 향을 내는 커피, 어린아이들의 볼에서 느껴지는 살결, 출근길의 파란 하늘과 발 밑의 데이지꽃들, 사랑하는 이와의 깊은 포옹, 달콤한 키스, 베토벤의 월광 소나타와 타이거 우즈의 이글샷, 샤갈의 눈내리는 마을과 윤동주의 별헤는 밤, 라이너 마리아 릴케의 시를 보는 것도 100년의 짧은 인생에서 누리는 즐거움입니다. 이런 것들은 인생에서 찬란한 순간들입니다. 어쩌면 인생은 영원 같은 고통의 골짜기에서 찰라같은 순간에 누리는 기쁨의 봉우리와 같습니다.

인생공원 입장권이 이미 주어졌습니다. 그러니 자유이용권을 마음껏 누리십시오. 다양하게 시도하고 많은 것을 경험하십시오. 경영은 사람을 섬기는 것입니다. 그러니 사람이 누릴 수 있는 것을 경험하고 느끼며 전하십시오. 경영자로서 목표를 향해 달리는 것은 중요합니다. 하지만 삶을 충분히 누리지 않는다면, 결국 어느 순간 무기력해지고 탈진하게 됩니다. '아직은 에너지가 넘치니 막 달려보자.'라고 생각하며 직무에만 집중하면 다양한 생각을 하지도 못하고 지속 가능하지 않습니다. 중요한 것은 일을 멈추는 것이 아니라, 일을 더욱 잘하고, 더욱 몰입하기 위해 스스로를 충전하는 법을 아는 것입니다.

여행도 종종 떠나십시오. 좋은 음식을 맛보고, 예술을 즐기고, 사랑하는 사람들과 시간을 보내십시오. 삶은 단순한 '목표 달성'만을 위한 것이 아닙니다. 우리가 경험할 수 있는 세상의 아름다움을 온전히 누릴 때, 오히려 더 깊이 있는 경영자가 될 수 있습니다. 사람의 마음을 이해하고, 고객의 감성을 읽으며, 직원들의 삶을 존중하는 리더가 되려면 스스로 삶을 풍성하게 경험하는 것이 필수적입니다.

그러나 무절제로 흘러가면 삶과 조직 모두에 해가 됩니다. 순간의 충동적인 소비, 끝없는 술자리, 지나친 사치가 습관이 되면, 어느 순간 스스로도 통제할 수 없는 상태에 이르게 됩니다. 그래서 중요한 것은 스스로 정한 원칙을 지키며, 그 안에서 최대한 자유를 누리는 것입니다. 금주·금연, 재정 관리, 건강한 습관 등 자신만의 기준을 세우고, 이를 통해 오히려 더 풍요로운 삶을 살아가야 합니다.

삶은 고달픔을 동반합니다. 우리가 행복을 누리는 그 순간 조차도 이면에 고통이 잠재되어 있습니다. 영원처럼 느껴지는 고통의 골짜기가 있는가 하면, 찰나 같은 영광의 순간도 있습니다. 이 땅에서 모든 고통을 끝까지 해결하려 애쓰기보다 더 큰 관점을 품고 살아야 합니다. 때로 욕망, 좌절감, 수치심, 열등감이 마구 올라와도 '아, 이런 친구들이 또 왔구나.' 하고 그냥 둘 수 있어야 합니다. 그리고 너무 견디기 어려울 때는 조용히 마음을 가다듬고, 내면의 평온을 찾는 시간도 필요합니다.

인생을 즐기되 스스로를 잃지 마십시오. 절제를 통해 누리는 기쁨은 순간적인 쾌락보다 훨씬 깊고 오래갑니다. 이 세상은 마음껏 탐험하고 경험하라고 주어진 곳입니다. 하지만 그 안에서 스스로를 관리하는 리더만이, 오래도록 즐길 수 있습니다.

무엇보다 사랑이 당신의 삶을 이끌 수 있도록 자신을 지나친 미움과 분노 속에 던져두지 마십시오. 시간이 지나면 당신 마음 속에 사랑의 힘이 다시 올라와 당신을 이끌 것입니다. 당신은 그렇게 갈 것입니다.

| 3부 |

가치

우리는 무엇으로 일하는가

위대한 일을 하기 위한 유일한 방법은
당신이 하는 일을 사랑하는 것입니다.

스티브 잡스(Steve Jobs),
2005년 6월 12일 스탠퍼드 대학교 졸업식 연설

| PART 3-1 |

사람은
무엇으로 일하는가

'사람은 무엇으로 일하는가?' 이 제목을 보면 아마 톨스토이의 단편이 떠오르실 겁니다. 1997년 IMF 시절, 회사에 입사하게 되었습니다. 당시에는 조금만 공부하면 졸업 후 어느 기업에나 합격할 수 있는 시절이었습니다. 저도 여러 곳에 합격했고, 그중 작은 회사지만 미래 성장 가능성이 높은 회사를 선택했습니다.

입사할 당시에는 회사에 먼저 합격한 후 군대에 갈 수 있는 시절이었습니다. 회사에 합격하고 나서 군대를 가게 되었습니다. 군 복무를 마치고 복귀하려 하니 입사 대기나 입사 취소와 같은 정보들이 쏟아지기 시작했습니다. 입사를 잠시 보류하고 원래부터 하고 싶었던 일을 하기로 했습니다. 바로 기업에서 교육과 기획을 담당하는 일이었습니다. 이전에 청소년들을 대상으로 교육했던 경험이 있었기에 가능했습니다.

이후 다시 회사의 부름을 받고 출근해 보니, 원래 지원했던 기획이나 교육 파트에는 자리가 없었습니다. 대신 식품사업부에 한 자리만 남아있었습니다. 주 업무는 피자 제조와 매장 운영이었습니다. 그래도 가야 했기에 갔습니다. 그곳에서 매장의 배달 팀장을 맡게 되었습니다. 팀장이라고 하지만 배달 오토바이만이 제 유일한 '팀원'이었습니다. 배치된 곳은 종로 1가에 위치한 피자 매장이었습니다. 이곳은 합격은 했지만 입사하지 않았던 기업의 본사들이 모여 있는 곳이었습니다. 오토바이를 타고 '피마길'이라 불리는 뒷골목길을 따라 배달하곤 했습니다. 헬멧을 쓰고 오토바이를 타며 골목길을 지나가는 길이면 이런 생각이 들었습니다.

'아는 사람을 만나면 어떡하지?'

그 당시 지인을 만날까 걱정하면서 다녔던 기억이 납니다. 이런 걱정들을 하면서도 주어진 일을 참 열심히 했습니다. 자정이 되어서 집에 가던 날도 참 많았습니다. 지금 생각하면, 어떻게 그렇게 일했는지 놀랄 정도로 최선을 다해 일했습니다. 어느 날, 교통비를 아끼기 위해 '또각또각' 제 구두 소리를 들으며 퇴근하던 길이었습니다. 그때, 제 마음속에 이런 질문이 들렸습니다.

'경민아, 너 열심히 일하는데, 왜 이렇게 열심히 하니?'

이런 질문과 함께 제 마음속에서 살며시 올라오는 감정이 하나 있었습니다. 그것은 바로 '두려움'이었습니다. 부인할 수 없을 정도로 강한 느낌이었습니다.

두려움의 언덕을 넘어서다

시골에서 태어나고 자랐습니다. 부모님께서는 농사를 지으셨죠. 당시, IMF가 끝난 지 얼마 안 된 때였습니다. 시대적으로 지배했던 가난에 대한 두려움은 우리 집에만 있었던 것은 아니었습니다. "이렇게 살다가 네 처자식을 먹여 살릴 수는 있겠냐?", "이거 하나라도 제대로 해내지 못하면 어디서 명함 하나 내밀고 살겠어?"라는 어른들의 말에 막연한 두려움이 많던 시절이었습니다. 직장 생활을 하며 "이걸 감당해야 인생의 패배자가 되지 않을 거야.", "만약 해내지 못하면 인생의 패배자가 될 거야."라는 생각이 마음속에서 자라고 있었습니다.

두려움 때문인지 일을 참 열심히 했습니다. 뒤쳐지면 안 된다는 생각이 참 컸습니다. 결과, 성과도 얻을 수 있었습니다. 성과가 나자, 회사에서는 발령을 내주었습니다. 발령받은 곳은 인사팀이었습니다. 인사팀으로 발령받고 1년 반 만에 인사팀장이 되었습니다. 1년 반 만에 인사팀장이 된 기록은 아직까지 깨지지 않은 것으로 알고 있습니다. 인사팀장이 되자 두려움은 어느 정도 사라졌습니다. 당시 인사팀의 성격상 먼저 잘리는 경우는 없었기 때문이었죠. 그럼에도 자리를 지키기 위해 닥치는 대로 일했습니다. 이전 피자 배달, 피자 제조, 아르바이트생 관리 등의 일에서 벗어났습니다. 이제는 본사의 인사팀장이 되어 사람들을 채용하는 업무를 맡게 되었습니다. IMF 이후 대한민국이 본격적인 경제 회복기에 접어들면서 채용도 급격히 증가했습니다. 이제는 "아! 내가 내 자리를 찾았구나"라는 마음으로 더욱 일에 집중했습니다. 닥치는 대로 모든 일을 맡아 열심히 했습니다.

어느 날, 노사협력실에서 사람이 필요하다고 하여 제가 맡겠다고 했습니다. 법무 관련 업무도 해야 한다고 하자, 그것도 하겠다고 했습니다. 그러다 보니 사업부에서 여섯 가지 정도의 업무를 맡게 되었습니다. 이 과정에서 판매 프로젝트 팀장까지 맡게 되었습니다. 해외 출장 프로젝트에서는 디자이너들만 참여하는 수상 프로젝트의 관리직으로 동행했습니다. 그곳에서 정보를 지식화 하는 일도 했습니다. 돌이켜보면 그때 했던 다양한 일들이 지금 경영자들을 만나고 돕는 일에 굉장히 중요한 역할을 한다고 느낍니다. 당시 결혼도 하고 아이도 낳았던 시점이었습니다. 그러나, 가정생활은 거의 없었습니다. 아내에게 미안했습니다.

"여보, 오늘 중으로 들어와?" 아내가 물어보면 "글쎄…"라고 답하며 출근하던 것이 기억납니다. 저에게 "왜 그렇게 많은 일을 맡았는가?" 묻는다면… '책임감'이라는 단어의 무게 때문일 것입니다.

책임감이라는 깊은 함정

매일 아침 출근할 때면 TO-DO 리스트를 작성했었습니다. 하루 할 일 50개 정도 적으면 퇴근할 때는 15개가 남아 있었습니다. 다음 날 할 일은 65개가 되고, 다음 날에는 75개로 점점 늘어나게 되는 것이죠. 금요일이 되면 한 일보다 하지 않은 일이 더 많아졌습니다. 그러다 보니 토요일에는 출근할 수밖에 없었습니다. 때로는 일요일 오후에도 출근하여 일을 해야 했습니다. 공휴일에 회사에 나오는 것은 어느 순간부터 저에게 당연한 일이 되었습니다. 자녀들과 시간을 갖는 것도 상상하기 어려운 일이었습니다. "아빠 언제 와요?"라고 말하는 아이들의 얼굴은 화면으로만 볼 수 있었습니다. 많이 일하면 적어도 잘리지 않을 것 같았습니다. 또 일을 많이 하면 회사에서 승진할 기회가 주어질 것이라고 생각했습니다. 경우에 따라, 내가 어떻게 인사 평가를 하는가에 따라 어떤 사람이 승진하기도 하고 승진하지 못하기도 했습니다. 이 사람을 어떻게 평가하는가에 따라 이 사람이 채용되기도 하고 채용되지 않기도 했었습니다. 그러니 책임감과 그에 따른 두려움, 중압감이 매우 크게 다가왔습니다. 매일 아침 출근할 때면 마치 파도가 몰려오는 듯한 느낌이 들었습니다. 한쪽 파도를 피하면 다른 쪽 파도가 오는 느낌이었습니다.

열심히 일했고, 잘한다는 평가도 받으며 빠르게 승진했습니다. 과장 승진도 빨리 했습니다. 그러나 행복하지는 않았습니다. 주변 사람들과 좋은 관계를 유지하지도 못했습니다. 오죽하면 저를 아끼던 임원분이 저를 불러 이렇게 말씀하셨습니다. "경민아, 열심히 하는 것은 좋지만, 사람을 좀 남겨라."라고 조언해 주셨습니다. 열심히 하다 보니 회사에서 승진도 시켜주고 중요한 프로젝트도 맡겨주었습니다.

당시 우리 조직으로부터 배우고자 하는 중소기업들이 많았습니다. 그래서 중소기업들을 돕는 일에 자원했습니다. 원래 교육과 기획을 하고 싶었던 사람이니 말입니다. 본업과 겸임하여 일을 수행했습니다. 그러던 중 2005년에 큰 프로젝트가 있다는 소식을 들었습니다. 프로젝트에도 어김없이 자원했습니다. "제가 할게요." 약 1,500명 이상의 신규 법인을 만들고 법인의 비전을 수립하고 이를 사내에 새롭게 출시하는 프로젝트였습니다. 드디어 마음속에 항상 품고 있던 중소기업 경영자와 직원들을 돕는 일을 하게 된 것이죠.

이 프로젝트를 시작하면서 매일 경영자들을 대상으로 교육했습니다. 적게는 5명, 많게는 50명에서 60명까지 매일 교육했습니다. 우리 조직의 경영 노하우와 지식에 대한 사용 허가를 받아 최선을 다했습니다. 돈을 받고 일하는 입장이었지만, 사람들은 저를 보고 "이 사람은 전도사예요", "우리 중소기업의 경영자를 돕기 위해서 보내진 사람이야"라는 칭찬해 주었습니다. 그런 말을 듣게 되니 자연스럽게 리더십이 생기기 시작했습니다. 사명감도 생겼습니다. 당시 제 나이는 40대 초중반이었습니다. 60대, 70대의 경영 노하우가 있는 분들, 성과를 낸 분들도 저를 만나 "이런 일을 해줘서 고맙다"라는 말을 해 주셨습니다. 함께하고 싶다고 말하는 분들도 있었습니다. 그렇게 리더십과 사명감이 생기니 사람들이 따라오기 시작했습니다. 비전을 공유하고 함께하자는 집단이 생기고, 공동체도 형성되었습니다. 여러 모임이 생기고 그 모임에 저를 불러 주기도 했습니다. 젊은 친구들은 와서 본인을 채용해 달라고 하기도 했었습니다. 그때 잘 나가는 줄 알았고, 똑똑한 줄 알았습니다. 어느 날, 머리를 한 대 맞은 듯한 깨달음을 얻었습니다. 그 깨달음이 오늘의 저를 만들었습니다.

사명감보다는 사랑

　가끔 조용히 저만의 시간을 보내기 위해 기도원에 갑니다. 기도원에 가서 기도하고, 성경책도 읽곤 합니다. 성경의 이야기는 단지 종교적 이야기가 아닙니다. 인류의 4대 성인 중 한 명으로 칭해지는 예수님에 관한 이야기 입니다. 4대 성인 중 가장 원대한 사명을 가진 분이십니다. 예수님은 하나님과 인간을 화해시키는 사명을 가지고 계십니다. 어렸을 때 연말이면 교회에서 성경 이야기로 연극을 하였습니다. 그러다 보니 성경의 대부분은 이미 접한 장면들이 많았습니다. 성경을 읽다 보면 예수님이 십자가에 못 박힐 때 로마 병사들을 위해 하신 말씀이 나옵니다. 로마 병사들이 예수님의 옷을 벗겨 누가 그 옷을 가질지 가위바위보로 정하는 장면입니다. 예수님은 그런 병사들을 위해 이렇게 기도하십니다. "저들은 저들이 하는 일이 무엇인지 알지 못하니 용서해 주세요." 또한, 옆에 같이 십자가에 달린 사형수를 위해서는 "너는 오늘 나와 함께 천국에 있을 것이다"라고 말씀하십니다.

　이전까지 이 이야기를 하나의 '사명'으로 이해하며 살아왔습니다. 하지만 이 부분을 읽으면서 깨달음을 얻었습니다. 이 말들이 사명과는 상관없이 지극히 옆에 있는 사람을 위해 한 말이라는 것을요. 본질적인 사명은 말하느냐 하지 않느냐와 별개라는 생각이 들었습니다. 그때 "아, 내가 이걸 오해하고 있었구나" 라고 생각했습니다. 제 어린 시절이 떠올랐습니다. 어릴 적 어머니께서는 마을 이웃들끼리 서로 일손을 도와가며 일하셨습니다. 그렇게 3,000원, 5,000원을 벌어 오시던 때가 있었습니다. 다음 날에는 돈을 제 수학여행비로 주시곤 하셨습니다.

그 돈, 저희 어머니는 저에게 사명감으로 주셨을까요? 아니면 자식을 사랑하는 마음으로 주셨을까요? 저도 지금 자녀를 키우고 있는 아빠입니다. 신혼 초에 저와 아내는 양육에 있어 약간의 차이가 있었습니다. 아이들이 초등학생일 때 학교에서 돌아오면 "중요한 일 먼저 해라" 라고 이야기했습니다. 숙제를 먼저 하라는 의미였습니다. 아내는 아이들이 오면 식탁에 앉히고 김밥이나 계란 후라이를 해주었습니다. 그러면 밤에 아내에게 아이들의 버릇이 나빠진다며 중요한 일을 먼저 하게 하자고 했습니다. 여러분, 자녀를 키울 때 정말 사명감으로 키우시나요. 아니면 그저 사랑하기 때문에 잘해주시나요? 그렇습니다. 자녀를 사랑하기 때문에 잘해주는 것입니다.

다시 기도원에 가서 성경을 읽었던 날을 떠올려 봅니다. 조용한 공간에서 묵상하며 생각해 보았습니다. "나는 정말 사명감을 가지고 주변 사람들을 잘 대하고 있는가?" 그렇게 하겠다고는 했지만, 솔직한 제 마음은 그게 아니었습니다. 목표와 비전을 이루는 데 도움이 되는 사람들은 계속 만났습니다. 반대로 도움이 되지 않는다고 생각되면 잘 만나지 않았습니다. 밥 한번 먹자고는 했지만 날짜를 정하지 않으면 만나지 않았습니다. 저와 함께 일하겠다고 하는 파트너들 중에서도 저에게 도움이 되는 사람 중심으로 만나게 되었습니다. 그 모습이 제 현실이었습니다.

현재를 희생하여 미래의 사명을 달성하고자 하는 마음이었습니다. 하지만 그 마음이 저와 제 주변 사람들을 소외시키고 있다는 것을 깨달았습니다. 이후 가장 먼저 했던 일은 제 주변 사람들에게 전화하는 것이었습니다. 열심히 배달 일을 할 때 함께했던 동료들, 제 뒤를 따라오면서 "형, 저도 배달하면 안 돼요?"하며 까불었던 아이들, 알바 같이 뛰던 친구들, 인사팀장으로서 연봉 인상을 억제했던 선배, 승진을 계기로 일을 강하게 밀어붙였던 선배들이 생각났습니다. 미안하고 죄송스러웠습니다. 그분들에게 그때 죄송했다고 말하고 싶었지만, 그러진 못했습니다. 대신, 잘 지내시는지 "제가 밥 한번 사겠습니다"라고 말했습니다. 그렇게 하니, 다행히도 많은 사람들이 오히려 저를 좋게 기억해 주었습니다. 덕분에 관계를 회복하고 좋은 관계도 만들 수 있었습니다.

"Do Everything in Love"

저는 현재 수십명의 직원과 함께 일하고 있는 경영 컨설팅 회사의 대표입니다. 동료들과 한 목소리로 "비즈니스는 사랑이다!"를 외치고 있습니다. "Do Everything in Love" 모든 일을 사랑으로 합시다. 비즈니스는 고객을 위한 사랑으로 해야 합니다. 그럴 때 좋은 서비스와 상품이 나옵니다. 직원들을 사랑으로 대할 때 그들도 행복하게 일할 수 있습니다. 사랑으로 일할 때 비즈니스는 잘 되는 것이죠. 마케팅의 기본 원리는 무엇입니까? 고객이 원하는 것을 고객이 원하는 방식으로 제공하는 것입니다. 혁신의 기본 원리는 무엇입니까? 고객이 느끼지 못하는 문제를 관찰하여 그 불편함을 해결하려는 노력입니다. 기업가 정신이란 무엇입니까? 세상에 존재하는 문제를 기존에 없던 방식으로 지속 가능한 시스템을 만들어 해결하는 것입니다. 이 모든 의미를 담아 '사랑'이라는 표현을 사용합니다.

그렇다면 저에게 지금 사랑으로 일하고 있는지 묻는다면, 그렇다고 말할 자신은 없습니다. 물론 두려움의 언덕을 넘어 책임감의 함정과 사명감의 봉우리를 지나 사랑을 느끼게 되었습니다. 하지만 그렇지 않을 때도 있습니다. 깨끗한 물로 채워진 수족관에 물고기들이 있습니다. 어린아이가 막대기를 집어넣고 휙휙 저어버리면 흙탕물이 되어 버립니다. 이처럼 저도 종종 월급을 줄 때나 통장에서 돈이 나갈 때 마음속의 물이 휘저어지는 것 같습니다. 수족관의 물이 보이지 않는 듯한 느낌이 들 때도 있습니다. 두려움, 책임감, 사명감, 사랑. 이 네 가지 감정이 리더의 마음속에는 언제나 혼재되어 있습니다. 그러나 한 가지는 확실히 압니다. 두려움보다는 책임감으로 일할 때 제 마음이 더 행복했습니다. 책임감보다는 사명감이 저를 용기 있게 만들고 리더십도 주었습니다. 무엇보다 사랑으로 일할 때 제가 가장 행복해진다는 것을 잘 압니다. 각자가 내린 사랑의 정의가 다를 수 있지만, 저에게 있어 사랑은 '요청에 답하는 것'이라고 정의합니다.

전략적 로드맵과 방향성은 굉장히 중요합니다. 때로는 저에게 찾아오는 경영자와 리더들의 요청이 제 로드맵과 맞지 않을 때도 있습니다. 하지만 바로 그때가 사랑할 수 있는 때입니다. 제 로드맵에 맞지 않는 요청이더라도 도와주는 것이 저에게는 작은 실천이 됩니다. 동료와의 관계에서도 마찬가지입니다. 직원들이 어떻게 일하기를 원하십니까? 두려움으로 일하기 원한다면, 카리스마 있는 리더십을 발휘해야 합니다. 책임감으로 일하게 하려면 규정이 명확해야 합니다. 그러면 책임감 있는 회사가 될 것입니다. 사명감으로 일하기 원한다면, 비전을 명확히 하면 됩니다. 그러나 사랑으로 일하고 싶다면, 직원을 관리하기보다 관계를 쌓는 것이 중요합니다.

"사람은 무엇으로 일하는가?"

이 질문에 대한 답을 하나로 규정할 수는 없지만, 오늘 하루도 사랑으로 일하기 위해 우리 동료들과 최선을 다할 겁니다. 일터에서, 가정에서, 수많은 공동체에서 사랑으로 일할 때 비로소 가장 행복하다는 사실을 깨달았기 때문입니다.

"Do Everything in Love"

저부터 다짐합니다. 모든 일을 사랑으로 하겠습니다.

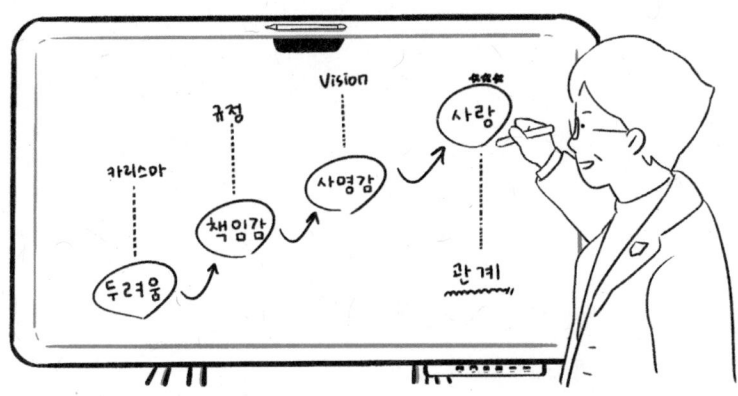

비즈니스는 단순히 돈을 버는 것이 아니라,
사람들과의 관계를 맺는 것입니다.

리처드 브랜슨(Richard Branson),
2014년 《Entrepreneur》 인터뷰 중

| PART 3 - 2 |

그때 그 상사는
왜 그랬을까?

얼마 전, 한 협회에 가서 강연할 일이 있었습니다. 협회에서는 1년 만에 진행하는 굉장히 중요한 행사였습니다. 강연 시작 시각보다 좀 더 일찍 행사장에 도착했습니다. 아직 강연 전 일정이 진행 중이었기에 뒤쪽에 앉아서 기다렸습니다. 협회장님의 메시지 전달 시간이었습니다. 그러나 시간이 계속 길어지는 것입니다. 회장님의 메세지는 격려인 듯 격려 아닌, 야단치는 듯 아닌 듯한 이야기였습니다. 그러니 행사장의 분위기가 좋지 않았습니다. 요청받은 강의 내용은 조직 활성화, 도전, 격려, 행복과 같은 주제였습니다. 그래서 당시 분위기에 어떻게 강연해야 할지 고민도 되었습니다. 그렇게 한 시간 반 정도 특강을 이어갔습니다.

협회에서는 외부 사람이 와서 특강하는 것이 10년 동안 처음 있는 일이라고 했습니다. 강연이 끝난 후 질의응답 시간이었습니다. 한 분이 손을 들고 일어나서 이렇게 질문했습니다. "강사님께서 먼저 와서 분위기를 보신 것 같습니다만, 이런 분위기에서 우리는 어떻게 해야 할까요?"라는 질문이었습니다. 그때, '이런 분위기'라는 표현에 행사장에서는 실소가 터져 나왔습니다. 협회장님의 메시지에는 옛날 표현과 함께 잘하라는 어떤 압박도 있었기 때문입니다. 답변하기 어려웠지만 이제는 한 번쯤 생각해 볼 수 있습니다.

"그때 그 거친 상사는 왜 그랬을까?"

그때 그 시절의 상사

지금 리더의 자리에 있는 분들은 다음 세대 그리고 MZ세대에 대해 친절한 코칭형 리더십을 발휘해야 한다고 생각하실 겁니다. 여러분들이 실무자로 있을 때의 리더들은 그렇지 않았습니다. 퇴근하려고 하면 일 시키고 주말에도 일을 시킵니다. 아침에는 일찍 출근하라고 하고, 회의 중에는 A4 용지를 던지기도 했습니다. 그때의 갑은 왜 그랬을까요? 20대나 30대, 또는 40대 초반에 경험했던 상사들은 다소 거칠었습니다. 요즘으로 치면 현행법 위반일 정도의 내용의 말도 했습니다. 지금은 여러분들이 리더가 되어서 더욱 이러한 방식이 바람직하지 않다는 것을 잘 아실 겁니다.

저 역시도 비슷한 경험을 했었습니다. 주임 대리 시절, 아침 7시, 8시에 출근합니다. 출근해서 시계의 침은 한 바퀴 돌고, 더 돌아 거의 저녁 12시에 가까워집니다. 택시가 끊길 무렵까지 일했습니다. 시간이 되면 그동안 작성했던 레포트를 들고 사무실로 들어갑니다. 사무실에는 본부장님이 앉아 계십니다. 다리가 흔들리죠. 본부장님 책상 위에는 수많은 레포트가 쌓여 있습니다. 본부장님은 레포트를 읽고 다양한 피드백을 주십니다. 그러면 늦은 시간에 다시 출근한 느낌이 드는 것이죠. 그렇게 업무를 마무리하지 못한 상태에서 "잠깐 집에 가서 씻고 와도 될까요?" 이런 질문을 합니다.

대한민국은 이러한 분위기에서 1980년대, 1990년대, 2000년대, 2010년대를 지나 이렇게 2020년대까지 달려왔습니다. 이 과정을 지나며 생산성은 증가하고, 제조업, 유통업, 무역과 수출의 현장에서는 역전의 용사들도 등장했습니다. 월, 화, 수, 목, 금금금을 일하던 시대를 지나 이제는 40대, 50대, 60대가 되신 분들도 계실 것입니다. 우리는 과거의 방식 그대로 행동해서는 안 된다는 것을 압니다. 자신이 당했던 대로 하면 안 되는 것이고, 봤던 것 그대로 따르는 것도 바람직하지 않은 것입니다.

배움이 흘러가는 기업

그렇다면 어떻게 해야 합니까? 당했던 대로, 본 대로 행동하는 것이 아니라, 배운 대로 해야 합니다. 배운 것을 다음 세대에 잘 전수해 줘야 사회가 발전합니다. 어릴 적 시골에서 살았습니다. 모두가 농사를 짓는 섬 마을이었습니다. 초등학교 2학년 때 TV를 처음 봤습니다. 전기가 들어오기 전에는 호롱불 밑에서 생활했었습니다. 당시, 등잔 밑이 어둡다는 말을 경험적으로 알았던 것입니다. 등잔 밑에 있으면 그림자가 생기고, 그림자 주변이 가장 밝습니다. 저희 누님들 세 명과 동생하고 등잔 밑에 둥그렇게 둘러앉아 책 읽던 기억이 납니다. 저희 마을에서는 집마다 싸우는 소리를 어렵지 않게 들을 수 있었습니다. 싸움이 나면 아이들은 도망쳐서 마을회관 앞에 모입니다. 그렇게 둘러앉아 "너희 엄마 아빠도 싸우니?" 하며 같이 평상에 앉아 있던 것도 기억납니다.

부모님들이 자녀들에게 친절했냐고 묻는다면, 그렇지 않았습니다. 저 역시 유년기, 청소년기, 청년기를 지나면서, "우리 부모님은, 우리 가정은 왜 이렇게 거친 가정일까?" 생각도 했습니다. 왜 그렇게 막 하셨는지 원망스럽기도 했습니다. 아버님은 청년기에 일찍 돌아가셨습니다. 시간이 흐르고 아버지가 되어 자녀를 보면서 느낀 점이 있습니다. 자녀에게 최선을 다해 노력하고 있지만, 제 자녀가 저에게 100% 만족하는 것은 아니라는 겁니다. 때로는 불만을 갖기도 합니다. 예상하지 못한 어떤 반응을 보여서 당황할 때도 있습니다. 그때마다 마음속으로는 내가 아버지로부터 본 대로 하지 않고 배운 대로 대하려고 노력하고 있다는 것을 되새깁니다. 아버지 학교 교육을 받았습니다. 그때 배운 대로 제 자녀를 대하려고 굉장히 노력합니다. 저희 아버지보다는 제가 자녀를 대할 때 훨씬 열심히 잘해주고 있는 것이죠. 그럼에도 자녀는 저에게 100% 만족하지는 않습니다. 그러다 문득, "우리 아버지도 비슷한 상황이었겠구나"라는 생각이 들었습니다.

돌이켜 보면 저희 할아버님은 한량이었습니다. 이른바 일은 전혀 하지 않으셨습니다. 할아버님이 하얀 배 옷을 입고 뒷짐을 지고 걸어 다니시던 모습이 생각납니다. 절대 일을 하지 않으셨죠. 저희 아버지는 할아버지보다 훨씬 훌륭하셨습니다. 아버지께서도 할아버지가 했던 방식을 그대로 하지 않고, 배운 대로 나름 열심히 하셨다는 생각이 들었습니다. 그러고 나니 저희 아버지를 조금 더 이해하게 되었습니다. 이전에 "우리 아버지는 왜 그 정도로 하셨을까?" 하던 생각을 좀 바꾸게 되었습니다. "우리 아버지는 아버지의 아버지보다 훨씬 훌륭하셨구나"라고 말이죠. 저도 제 자녀들의 눈에는 부족한 아버지입니다. 그렇지만 저희 아버지가 자녀를 대하는 것보다는 제가 제 자녀를 대하는 것이 훨씬 훌륭합니다.

도움이 필요한 부분을 지원해주는 담당자가 있는 기업이 있습니다. 지인 중 한 명이 맥도날드에서 아르바이트를 했습니다. 맥도날드의 주방 시스템에 대해 듣게 되었습니다. 햄버거 패티를 굽는 담당자가 있으면 그 옆에는 햄버거를 만드는 사람 있습니다. 그 옆에는 포장하는 사람이 있는 것이죠. 이런 흐름으로 과업이 순차적으로 넘어갑니다. 여기서 하나, '체이서(Chaser)'라고 하는 사람이 있습니다. 주방을 돌아다니며 도움이 필요한 부분을 지원합니다. 포장 담당자가 바쁘면 도움을 주고, 다른 곳에서 급한 일이 생기면 또 그쪽으로 가서 지원합니다. 그래서 맥도날드의 제조 시스템 전체가 한쪽에 잼(Jam)이 걸리지 않고 원활히 운영되도록 관리해 주는 것입니다.

황금률로 살아가라!

성경을 보면 골든 룰(황금률)이라는 단어가 나옵니다. 대접받은 대로 남을 대접하는 것이 아니라 "대접받고자 하는 대로 먼저 남을 대접하라."입니다. 데일 카네기(Dale Carnegie)도 이야기하는 인간관계의 골든 룰입니다. 이러한 원칙을 실천할 수 있다면, 얼마나 좋은 비즈니스의 원리가 되겠습니까? 조직 문화를 형성하는 데 있어 중요한 원리가 되는 것입니다. 돌이켜 보면, 과거의 선대들도 자신들이 본 대로 하지 않고 배운 대로 해주려고 노력한 것임을 알 수 있습니다. 그래서 저는 직장 생활 초기, 매우 거칠게 대했던 상사들에 대해서도 생각이 바뀌었습니다. 그들도 자신들의 선대에서 한 것보다는 나름대로 잘하고 있었다고 해석하게 되었습니다.

조직의 사랑은 도움으로 시작된다

현재 리더들이 실무자였을 때 경험한 상사와 리더들은 아마 매우 거칠었을 가능성이 높습니다. 한 번 더 생각해 보면, 그분들은 자신들의 선대보다는 덜 거칠었을 가능성이 높습니다. 여러분도 부하 직원들에게는 거칠게 보일 가능성이 높습니다. 그럼에도 리더들은 직원들이 그다음 단계에서 좀 더 부드러운 상사가 되기를 바라는 마음을 가지는 것이죠. 이는 마치 맥도날드 주방에서 일하는 체이서의 역할과 같습니다. 골든 룰인 것이죠. 대접받고자 하는 대로 먼저 대접해 주는 것입니다. 내가 본 대로 하는 것이 아니라 내가 배운 대로 좀 더 개선하여 전달해 주는 것입니다. 이것이 골든 룰을 넘어서서 골든 플로우가 되게 하는 것입니다.

나를 통해서 전달될 때 이전보다 더 좋게 만들어지고, 더욱 밝아지는 것입니다. 보다 적극적으로 표현하면 사랑이 있도록 만들어 주는 것입니다. 그렇게 할 수 있다면, 조직 내에서 다른 사람을 섬기는 문화를 만들어 갈 수 있습니다. 마치 체이서가 부족한 부분을 지원하듯 말입니다. 각 구성원이 부족한 부분을 보완하고 도와주는 조직 문화를 형성하는 것입니다. 리더는 이런 조직 문화를 개선하는 시도를 해보시기를 바랍니다. 직원분들은 여러분의 리더나 상사 또는 경영자가 거칠게 느껴질 때, 그가 이전의 경험보다 더 부드럽게 하려고 노력하고 있다는 점을 기억하시면 좋겠습니다.

가장 훌륭한 기업은 '사랑'이라는 가치를
가장 먼저 공유하는 곳입니다.

사이먼 사이넥(Simon Sinek),
2009년 《Start with Why》 출간 당시

| PART 3 - 3 |

좋은 회사에 대한 기준은
계속 바뀌어 왔다

정말 좋은 회사가 된다는 것은 무엇일까요? 톰 피터스(Tom Peters)가 쓴 책 중에는 『초우량 기업의 조건』이라는 책이 있습니다. 많은 사람들이 이 책을 읽고 기업의 경쟁력 및 전략적인 측면에 대해 논의했습니다. 그 후에 출판된 책은 앞서 다룬 짐 콜린스(Jim Collins)의 『좋은 기업을 넘어 위대한 기업으로』입니다. 이 책에서는 위대한 기업들이 단순한 전략적 측면이나 경쟁력을 넘어, 조직 문화와 구성원들이 어떻게 열정을 가지는지에 중점을 두었습니다. 이어서 나온 책이 바로 『위대한 기업을 넘어 사랑받는 기업으로』입니다.

좋은 회사란 어떤 회사인가?

S&P 500대 기업을 기준으로 사랑받는 기업의 특성을 살펴봤습니다. 사랑받는 기업은 그렇지 않은 기업에 비해 지속 가능성이 9배 이상 높고, 이익률과 투자 수익률도 높다는 결과입니다. 단순히 위대한 기업을 넘어, 사랑받는 기업은 타인의 발전을 위해 값없이 도와주는 것이라고 이야기합니다. 타인의 발전을 위해 자신을 초월하여 사심 없이 돕는다는 것이 핵심입니다. 이른바 나의 이익을 뛰어넘는 초월성의 시대인 것입니다.

정말 좋은 회사는 어떤 회사일까요? 많은 현장에서 경영자들을 만나보면, 그들 나름의 철학을 가지고 있습니다. 어떤 경영자는 물건이 좋아야 한다고 말하고, 어떤 사람은 일하기 좋은 회사, 혹은 직원들이 행복한 회사여야 한다고 합니다. 또 다른 사람은 투자하기 좋은 곳, 투자 수익률이 높은 곳이라고 합니다. 또는 직원들이 단결되고 관계가 좋은 곳이어야 한다고 말합니다. 이렇듯 '좋은 회사'에 대해 다양한 해석이 존재합니다.

경영 선배가 바라본 좋은 회사

이러한 해석에 대해 경영의 선배들은 다양한 의견을 제시했습니다. 먼저, 하버드대학교 교수이자 『마이클 포터의 경쟁우위』 저자인 마이클 포터(Michael Poter)는 기업의 사회적 책임(CSR)에 대해 언급했습니다. 그는 좋은 회사란, 단순히 좋은 물건을 만들어 잘 파는 회사를 넘어, 사회적 책임을 다하는 회사라고 했습니다.

다음에는 CSV, 즉 공유가치 창출(Creating Shared Value)에 대해 이야기합니다. 단순히 돈을 잘 벌고 베푸는 것을 넘어서는 개념입니다. 물건을 만들어 파는 것은 고객 만족을 넘어, 고객이 중요하게 여기는 가치를 실현하는 것을 의미합니다. 예를 들어, 최근 많이 등장하고 있는 비건 제품입니다. 이는 사람들이 육식을 통해 환경을 저해하고 동물에게 가혹함을 주는 것에 불편함을 느끼는 것으로부터 시작합니다. 이를 해소하기 위해 비건 제품을 만들어 소비자에게 제공하는 방식이죠. 섬유를 만드는데 환경을 너무 많이 훼손한다는 문제의식이 있습니다. 그렇다면 섬유를 만드는 과정에서 환경에 미치는 부정적인 영향을 최소화하려는 노력도 공유가치 창출의 일환입니다. 이처럼 기업은 고객과 협력하여 환경적 가치를 실현하고, 이를 통해 공유가치를 창출하는 것입니다.

더 나아가 요즘은 ESG, 환경(Environment), 사회(Social), 지배구조(Governance) 개념까지 등장했습니다. ESG는 현재 소비자와 협력하는 것을 넘어 미래 세대까지 고려한 개념입니다. 환경은 주로 미래 세대를 상징하기 때문입니다. 기업들이 운영 방식과 더불어 사회적으로도 좋은 기업이 되기를 바라는 것입니다. 따라서 '좋은 기업'에 대한 정의가 '책임을 다하는 것을 넘어 책임을 공유하는 것으로, 그리고 미래 세대를 위한 준비를 포함하는 형태'로 발전하고 있습니다.

주주 자본주의부터 이해관계자 자본주의까지

전에 다루었듯이 이를 리더십 관점에서 해석해 보면, 첫 번째로 거래적 리더십이었습니다. 이는 "내가 A를 해주면 네가 B를 해줘"라는 방식입니다. 이것을 **주주 자본주의**라고 합니다. 자본을 가진 사람들이 사람들을 모아서 고객들에게 최선을 다해서 지원하는 것이죠. 이 과정을 통해서 상호 간에 책임을 다하는 겁니다. 거래적 사고방식에서 벗어나 이를 뛰어넘는 것이 있습니다. 바로, 협력적인 관계입니다. 고객과 공급자가 협력하는 것입니다. 이른바 **참여 자본주의**입니다. 본인이 고객이지만, 상품의 가치를 보고 투자하고 싶어지는 형태입니다. 참여 자본주의가 형성되는 것이죠. 최근에는 국민연금 기금 의결권 행사 지침(Stewardship Code)과 같은 개념을 반영한다는 말도 있습니다. 이 시점부터는 주주와 소비자, 혹은 자본을 가진 사람과 자본을 얻는 사람이 모두 참여적 관계를 맺게 됩니다. 우리나라 최대 자본 중 하나는 국민연금입니다. 국민은 국민연금에 돈을 냈기 때문에, 국민도 주주인 것입니다. 이러한 과정에서 자연스럽게 참여형 자본주의가 일어나는 겁니다.

현재 너와 내가 좋은 것을 뛰어넘어 다음 세대에도 좋은 것이 될 수 있는 변혁적 목표를 지향하고 있습니다. 당장은 비건 식품을 섭취하고 유기농 제품을 사용하며 천연 에너지를 사용하는 것이 현세대에게는 큰 이익이 되지 않습니다. 그러나 이것이 미래 세대에 부정적인 영향을 미칠 것이 분명하다는 것을 압니다. 그렇기에 현세대의 이익을 넘어서 미래의 이익을 보존하자는 방향으로 나아가는 것입니다. 전 세계가 ESG를 채택하는 이유도 바로 이 때문입니다. 가끔 전쟁이나 무역 분쟁 등으로 인해 이러한 목표가 지연되기도 합니다. 유럽을 비롯한 여러 국가가 당장의 경제적 어려움 때문에 환경 보호 목표를 뒤로 미루는 사례가 있기도 합니다. 기후 위기의 경우는 모두의 문제입니다. 이러한 상황에서 **이해관계자 자본주의**가 등장합니다. 이해를 함께하고 있는 주주, 고객, 소비자, 지역사회 등 모든 이해관계자가 기업의 성장을 지지하고, 기업이 잘될 이유가 있다고 인정하는 방향으로 변화하는 것입니다.

기업경영	CSR ⇒ CSV ⇒ ESG
리더십	거래적 ⇒ 협력적 ⇒ 변혁적
자본주의	주주 자본주의 ⇒ 참여 자본주의 ⇒ 이해관계자 자본주의

기업의 책임에도 변화가 있다

이전에 강조했던 필립 코틀러의 관점에서 표현할 수도 있습니다. 과거, 기업이라고 하는 것은 물건을 만드는 책임을 잘 수행하면 됐습니다. 의자를 만든다고 하면 "우리가 의자를 잘 만드니 사세요"라고 하는 것이죠. 이것을 마켓 1.0의 시대라고 표현합니다. 이 시기에는 공급자가 자신의 역할을 잘 수행하면 충분했습니다. 그러나 시간이 지나면서 이익을 공유하는 시대로 넘어갔습니다. 마켓 2.0 시대인 것이죠. 현재는 가치연대의 시대입니다. 즉 마켓 3.0 시대로 넘어간 것입니다. 뜻을 함께하는 사람들이 모여서 변화를 이루어가는 구조로 발전한 것입니다. 필립 코틀러가 마켓 1.0, 2.0, 3.0으로 시장의 변화를 설명했다면, 경영에 관심이 있는 사람들은 이를 리더 1.0, 리더 2.0, 리더 3.0의 시대로 볼 수 있습니다. 고객을 대하는 마음으로 구성원들을 대하는 것이 바로 가인지 경영입니다.

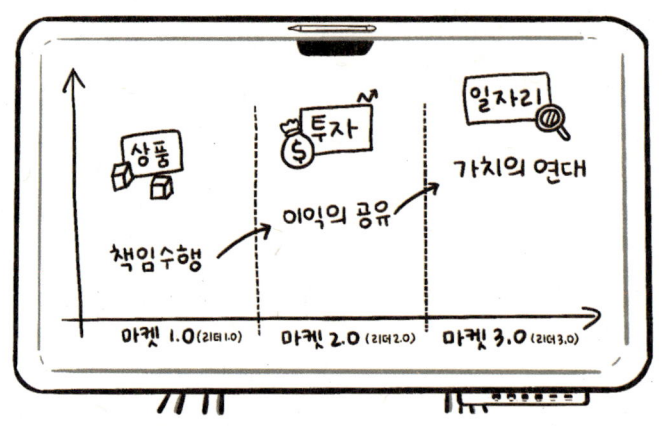

| 출처 | 필립 코틀러, 〈마켓 3.0〉

경영도 초기에 책임을 수행하는 단계에서는 물건이 잘 팔리면 좋은 회사였습니다. 즉, 제품을 잘 만들고, 제품이 잘 팔리며, 돈을 벌면 좋은 회사로 여겨졌습니다. 다음 단계로 넘어가면, 투자처로서 좋은 회사가 됩니다. 회사 자체가 잘될 것이라는 이미지를 주어 많은 사람들이 투자하고 싶은 회사가 되는 것입니다. 이익을 공유하는 회사로 발전하는 것입니다. 마지막

단계로 넘어가면, 일자리로서 좋은 회사가 됩니다. 내가 힘들게 번 돈을 써서 좋은 상품을 사는 것도 중요하고, 투자해서 이익을 얻는 것도 중요합니다. 무엇과도 바꿀 수 없는 일자리에는 나의 인생을 투자하게 됩니다.

좋은 회사는 자랑하고 싶다

이런 관점으로 볼 때, 가장 좋은 회사는 무엇일까? 우선 상품이 좋은 회사, 좋은 회사입니다. 투자할 만한 회사도 좋은 회사입니다. 그러나 일하고 싶은 회사, 이것이 가장 좋은 회사입니다. 즉, 나이가 들어서도, 조카나 자녀가 이 회사에 들어가면 좋겠다고 생각할 수 있는 그런 회사가 진정으로 좋은 회사인 것입니다. 따라서 기업가 정신을 가지고 사업을 일으킨 경영자는 리더십의 3단계를 거쳐야 합니다. 상품이 좋지 않다면 투자할 만한 회사가 될 수 없고, 투자할 만한 회사가 아니라면 일하고 싶은 회사가 될 가능성도 낮습니다. 따라서 이 개념은 개별적인 것이 아니라 점진적인 단계를 의미합니다. 상품을 좋게 하고, 투자할 만한 회사가 되며 결국 좋은 일자리를 제공하는 회사로 발전하는 겁니다.

실제로 이러한 요소들은 서로 연결되어 순환됩니다. 일자리가 좋으면 상품이 더 좋게 나오고, 상품이 좋으면 투자자와 직원 모두가 더 만족하게 됩니다. 모든 단계가 서로 영향을 미치며, 회사가 진정으로 좋은 회사가 되기 위한 필수적인 과정입니다. 이 세 가지가 모두 좋은 회사를 한마디로 표현하자면 '가족에게 자랑할 만한 것이 늘어나는 것'입니다. 즉 우리 회사의 구성원들은 집에 돌아가서 회사 이야기를 자랑스럽게 할 수 있는가? 가족들에게 회사 이야기를 하고 싶어 하는가? 의 여부인 것입니다. 이러한 요소들이 얼마나 증가하고 있는지에 대한 고민은 경영자가 가져야 할 책임감이자 누릴 수 있는 기쁨일 것입니다.

가족에게 자랑하고 싶은 회사인가?

그런 기업이 되려면 첫 번째, 비전을 먹고 삽니다. 가족들에게 자랑할 만한 세워줘야 합니다. "현재는 이런 단계이지만 앞으로는 이런 목표를 가지고 문제를 해결할 것입니다."라고 말이죠. 두 번째로는 이익보다 더 중요한 가치가 있다는 것을 느끼게 해주는 것입니다. 우리가 이렇게 했다면 돈을 더 벌 수 있겠지만 그렇지 않고 그보다 더 중요한 가치를 추구하고 있다는 것을 명확히 하는 것입니다. 우리만의 가치를 가지는 것은 회사를 자랑스럽게 만드는 중요한 요소입니다. 세 번째는 열정입니다. "우리 회사는 열정을 가진 사람들이 가득해", "우리 부장님 보면 배우고 싶어져", "우리 대리님 보면 기분이 좋아진다니까" 이런 요소들이 정말 자랑할 거리입니다. 구성원들이 에너지를 가지고 일을 하며, 서로에게 긍정적인 영향을 미치는 환경을 만들어야 합니다.

단순히 돈을 많이 벌었다는 것은 집에서 자랑할 거리가 되지 않을 수 있습니다. 그러면 진짜 자랑할 만한 것은 무엇일까요? "우리 회사는 비전이 있는 회사야.", "우리 회사는 가치 있는 회사야.", "우리 회사 직원들은 나를 포함해서 모두 열정이 있어." 이 세 가지가 바로 가족들에게 자랑할 만한 요소라고 생각합니다. 그렇다면 좋은 회사는 가족에게 자랑할 것이 늘어나는 회사입니다. 회사의 비전이 자랑할 만한 비전이 되도록 만들어 가시기를 바랍니다. 우리 회사에는 이익을 뛰어넘는 가치 있다는 것, 자신만의 스토리를 만들어 가시기를 바랍니다. 마지막으로, 우리 회사에는 열정 있는 사람들이 늘어나고 있다는 것. 특히 경영자부터 새로 입사한 신입사원까지 '정말 한번 해보자'라며 활력이 넘치는 열정 있는 회사를 만들어 가시기를 바랍니다.

비즈니스는 사람에 대한 마음입니다.
사람을 먼저 생각하십시오.

이나모리 가즈오(稻盛和夫),
1989년 京セラ 사내 강연 중

| PART 3 - 4 |

비즈니스는
세상의 문제를 기업을 통해
해결해 주는 것

여러분은 아마 백종원 대표에 대해 잘 아실 것 같습니다. 백종원 대표가 맨 처음 화면에 얼굴을 비춘 것은 '더 본 코리아'입니다. 그는 오래전부터 외식 사업을 해왔죠. 주목받기 시작한 것은 마이 리틀 텔레비전이라는 TV 프로그램에 출연했을 때입니다. 이때 백종원 대표는 설탕을 많이 사용하는 레시피로 주목받았습니다. 당시 그는 실제로 우리가 맛있게 먹는 음식은 대개 이렇다 하며 "설탕은 죄가 없다"라는 말로 시청자들의 공감을 이끌었습니다. 이후 여러 프로그램에 출연하며 많은 사람들에게 인지도를 얻은 프로그램이 '백종원의 골목식당'입니다.

끝까지 돕는 백종원의 마음가짐

'백종원의 골목식당'은 전국에 죽어가는 상권에 투입되어, 해당 매장을 진단하고 컨설팅하여 장사가 잘되도록 돕는 프로그램입니다. 이 과정에서 스타 매장이 등장하기도 하고, 경우에 따라 비판을 받는 매장도 나타납니다. 이것이 시청자들의 인기를 끄는 지점이기도 했습니다. 그러다가 충남 예산에서 백종원에게 도움을 요청했다고 합니다. 충남 예산은 백종원의 고향이기도 합니다. 지방의 공무원들은 서울과 경기 지역의 공무원들과 달리, 상대적으로 약자인 경우가 많습니다. 이들에게는 인구 유치가 중요하기 때문에 지역 상권을 활성화하려는 노력이 필요했습니다. 그래서 백종원 대표에게 요청한 것이죠. 백종원은 요청을 받아 고향인 충남 예산에 가서 도움을 주게 되었습니다. 메뉴와 서비스, 매장 관리에 대해 조언을 해주었습니다.

백종원 대표는 자신의 이름을 걸고 컨설팅을 진행했습니다. 그러나 사장님들은 국밥에 물을 타서 제공하거나 위생 상태를 관리하지 않는 등의 문제가 발생했습니다. 그는 직접 내려가서 "이렇게 하면 안 됩니다. 다시 모여 봅시다."라며 문제를 해결하려고 했습니다. 문제가 있었습니다. 바로 예산 골목에 모든 분이 이러한 변화를 원한 것은 아니었다는 것입니다. 오랜 세월 동안 자신만의 방식으로 사업을 해온 이들도 있었기에 갑작스러운 변화가 불편했던 것입니다. "나는 이런 방식으로는 할 수 없다"라며 자신을 배제해 달라는 의견도 있었습니다. 결과적으로 예산 골목에서 '백종원 거리'라는 간판을 떼게 됩니다. 그렇게 방송은 마무리가 됩니다.

시간이 지나고 백종원 대표는 새로운 영상 하나를 올렸습니다. 내용을 살펴보니, 국밥거리가 아닌 예산의 다른 시장 재활성화 작업을 계속 진행하고 있었던 것입니다. 기존의 국밥거리 프로젝트도 완전히 종료한 것이 아니었습니다. 골목에서 원하는 사람들에게만 도움을 주고 있었습니다. 백종원 대표는 여전히 그들에게 필요한 지원을 아끼지 않고 있었던 것이죠. '떠나긴 어딜 떠나 예산 국밥거리를 다시 돕는다'라는 제목의 기사도 올라왔습니다.

변화의 가능성에 한계를 두지 마라!

현장에서 오랫동안 컨설팅을 해왔습니다. 그 과정에서 안타까운 것이 두 가지가 있습니다. 첫 번째는 "우리 산업은 달라"라는 이야기를 들을 때입니다. 가인지 경영은 조직 문화와 관련된 부분이기 때문에 이런저런 다양한 조언을 드리곤 합니다. 디지털 전환, 가격 설정, 변화의 흐름 등 여러 주제에 대해 알려 드리기도 합니다. 그동안 4,000개 이상의 기업을 만나고 여러 국가를 방문하기도 했습니다. 때로는 청와대와의 협력을 하기도 하고 창원 조선업, 인천 화학 산업 등 다양한 분야에서 활동하기도 했습니다. S그룹과 같은 대기업, 공기업과도 소통해 왔습니다. 학교 선생님과 유치원 선생님들까지 만나며 매우 다양한 산업을 경험하게 된 것이죠. 모든 경험을 제 인생에서 큰 축복이라고 생각합니다.

제가 경험한 사례입니다. 먼저는 패턴이 좋은 경우, 즉 예후가 좋은 예입니다. 이런 경우에 사람들은 제시하는 방법을 여러 상황에 적용해 보려고 고민합니다. 유통은 이렇게, 제조는 저렇게 접근하는 것이 좋다고 방법을 제시합니다. 그러면 이것을 어떻게 하면 적용할 수 있을지 고민하는 것이죠. 머리 아파 가며 고민하는 것입니다. 이런 경우는 예후가 좋습니다. 그렇게 적용하려고 하는 집단은 긍정적으로 발전합니다. 반면, 안타까운 경우는 "우리 업계는 다르다"라며 다른 업계와 구별하여 차별성을 강조하는 경우입니다. 업계 간의 차별을 강조하는 것 자체가 성장의 기회를 제한하고 있는 것입니다. "우리 업계에 들어와서 기본적으로 자기 월급 받으려면 3년 걸려요."라고 이야기하는 업계가 앞으로 잘되기는 어렵습니다. 또 "우리 산업은 지금 꽉 잡혀 있어서 이 방식이 바뀌려면 앞으로 5년은 걸릴걸요"라고 말하죠. 그렇지만, 아닙니다. 내재적으로 5년이 걸린다고 생각하면 산업 외부에서는 1~2년 이내에 그 산업을 침식해 버릴 것입니다. 이런 일들은 이미 많이 발생했습니다.

두 번째로, "우리 직원들은 다르다." 혹은 "우리 사장님은 다르다"라는 이야기입니다. 이는 직원들이 변화하지 않고, 교육해도 효과가 없다고 생각하는 것입니다. 즉, 교육이 무용지물이라고 생각하는 것입니다. "우리 직원들은 달라요.", "우리 사장님은 달라요."라고 말하는 것은 변화의 가능성을 제약해 버리는 것입니다.

진심을 다해 일하는 기업가 정신

백종원 대표가 왜 예산 국밥거리를 돕는 것을 중단하지 않았을까요? 대표가 사업을 운영하는 만큼, 더본코리아 프랜차이즈 사업의 홍보 관점이 있을 수 있습니다. 그러나 직원들의 성취 관점으로 보는 것입니다. 예전에 백종원 대표가 청문회에 출석했을 때입니다. "왜 대기업이 골목상권을 잠식해 버리느냐"라는 국회의원의 질문에 백종원 대표는 웃으면서 "너무하신 거 아닙니까? 저희가 누구랑 일합니까? 골목상권에서 일하시는 사장님들이 잘되도록 도와드리는 것인데 저희가 왜 대기업입니까?"라고 항변했던 장면을 기억하실 것입니다. 여러 해가 지났지만, 백종원 대표에게는 진심이 있는 것 같습니다. 진심으로 음식점을 운영하는 사람들을 행복하게 해주고자 하는 마음이 있는 것이죠. 백종원 대표와 함께 일하고 있는 메뉴 개발팀이나 상권 개발팀 등 직원들의 눈빛에서 진심이 느껴집니다. 음식점 운영자들이 "너무 힘들어서 못 하겠어요"라고 하는 상황에서, 그들의 음식점 수준을 높이고, 그들에게 행복을 주려는 마음이 있었습니다. 그래서 중단할 수 없었던 것이죠. 국밥거리의 간판은 뗐지만, 그들에게 계속해서 기회를 제공합니다. 음식점을 제대로 운영하여 삶이 변화할 수 있도록 돕는 것이죠.

물리학자 김상욱은 한 강연에서 "어떤 학문이 숫자로 표현될 수 있다는 것은 예측 가능한 공식이 될 수 있다는 뜻입니다"라고 말했습니다. 이는 어떤 학문이 발전하다 보면 숫자로 표현되고 공식화된다는 것입니다. 음식점에서도 QSC라는 숫자가 있습니다. QSC는 품질(Quality), 서비스(Service), 청결(Cleanliness)이죠. 이 중에서 기본적으로 청결에서부터 시작합니다. 중요한 위생 요인이기 때문이죠. 따라서 QSC를 제대로 지키면서 발전해야 합니다. 음식점을 운영하면서 QSC가 제대로 지켜지지 않고 홍보만 하는 것은 의미가 없습니다. 말이 안 되는 것이죠. 다른 길은 없습니다.

　백종원 대표가 화를 내는 경우가 종종 있습니다. 음식을 미리 만들어 놓아 맛이 떨어지는 문제, 청소를 하지 않아 벌레가 생기는 문제에 주로 반응합니다. 외식업에서 가장 중요한 요소이기 때문이죠. 대부분의 골목 상권에서 갈등이 발생하는 이유도 이것입니다. 청소했는지 물어보면, 나름대로 그렇다고 답하지만 실제로는 그렇지 않은 것입니다. 충남 예산에서도 비슷한 문제가 있었습니다. 따라서 외식업의 기본 요소인 QSC(품질, 서비스, 청결)를 지키지 않고는 외식업이 개선될 수 없습니다. 이를 지키지 않으면 백종원을 만나도 천종원 혹은 만종원을 만나도 해결되지 않습니다.

가인지경영은 '진정성'이 느껴진다

　다시 경영으로 돌아와 봅니다. 경영을 잘하고 싶나요? 아무리 훌륭한 컨설턴트를 만나도 이것이 해결되지 않으면 경영이 잘 될 리가 없습니다. 마치 백종원을 만나도 QSC가 지켜지지 않으면 외식업으로 행복해질 수가 없는 것처럼 말이죠. 경영을 하더라도 이게 안 되면 행복해질 수 없습니다. 바로, 가인지 경영입니다.

　가인지 경영이란, 첫 번째, **가치경영,** 미션(Mission)이 분명해야 합니다. 고객을 향한 미션이 분명해야 합니다. 우리가 왜 모였고, 어떤 고객을 섬기며, 그들이 만족하는 상태는 어떤 것인지가 제대로 세워져야 합니다. 두 번째, **인재경영**이 중요합니다. 사람을 성장시키는 데 관심을 가져야 합니다. 사람을 성장시켜서 함께 일하는 것이죠. 나와 일하는 사람들을 단순히 부리는 존재로 보지 않고, 그들이 성장하여 나와 함께 갈 수 있도록 하는 겁니다. 마지막으로, **지식 경영**입니다. 문제를 해결하고 기회를 만들어가는 것이죠. 현재 주어진 여러 가지 문제를 피하지 않고 해결해야 할 과제로 여기는 것입니다. 이렇게 가치 경영, 인재 경영, 지식 경영입니다. 앞 글자를 따서 '가인지'입니다. 이 세 가지가 잘 돼야 경영은 발전합니다.

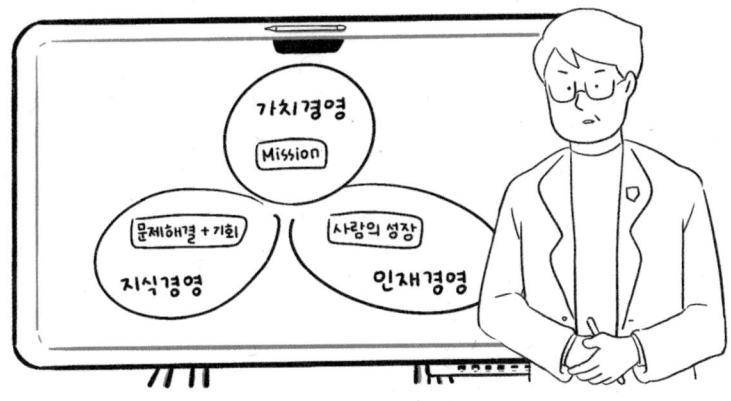

| 출처 | 김경민, 〈가인지 경영〉

맥킨지(McKinsey)가 회사에 와서 전략적 방향을 제시하거나, 워버그 핀쿠스(Warburg Pincus)가 회계 전략을 수립한다고 합시다. 혹은 M&A 팀이 M&A를 진행하거나 투자팀이 VC 자금을 투자한다고 합시다. 그러나 결과적으로는 가치가 분명하고, 인재를 키우며, 지식으로 현재의 문제를 해결하지 않는다면 경영이 잘 될 수 없다는 것입니다.

작은 기업들은 가끔 중견기업이나 대기업들을 이렇게 바라보기도 합니다. "좋은 시절에 사업을 먼저 시작하고 독점권을 얻거나 경우에 따라 정치와 결탁해서 좋아졌다"라고 말이죠. 하지만 그런 기업들이 한두 개가 아닙니다. 지금 기업이 어떤 규모를 이룬 것은 가.인.지(가치, 인재, 지식 경영)의 노력을 기울인 것입니다. 그 언덕을 넘어간 것입니다. 고객 가치를 목적으로 일하는 가치 경영, 사람을 성장시켜 그와 함께 일하는 인재 경영, 지식으로 성과를 내는 지식 경영. 이 세 가지 관점에서 포기하지 않기를 바랍니다. "내가 이것만큼은 제대로 한번 해 보겠다."라는 마음을 품으시기를 바랍니다. 기초가 만들어지면 그 위에 산업의 특성, 기업의 조직 문화와 같은 것들을 쌓아가는 것입니다.

대한민국 경영자를 돕겠다는 마음으로 열심히 하고 있습니다. 기본적으로 가치경영, 인재경영, 지식경영 이 세 가지에 대해 더욱 진정성 있게 다가가려고 합니다. 여러분의 회사에서는 가치경영, 인재경영 그리고 지식경영은 현재 어떤 상태입니까? 무엇을 더 발전시켜 가야 합니까? 한번 고민해 보시기를 바랍니다.

BUSINESS Is LOVE

↪

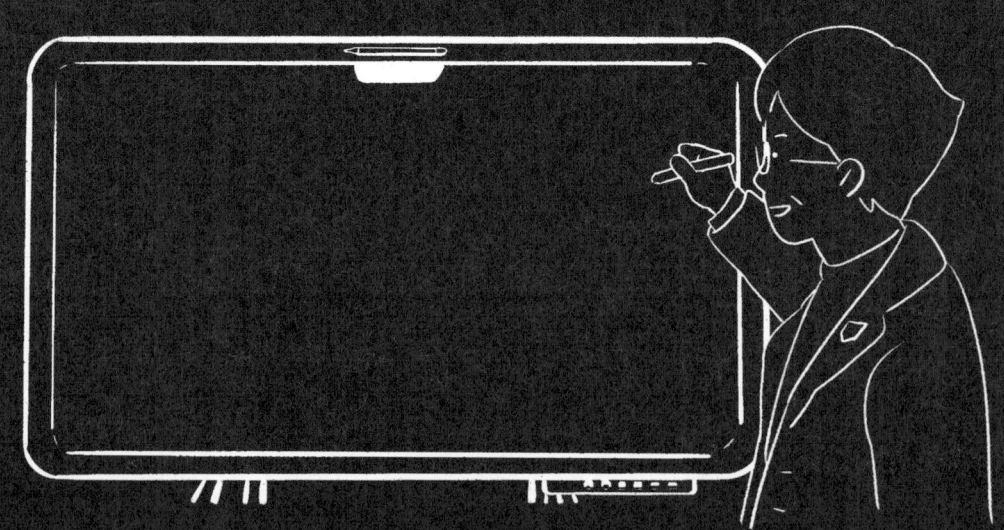

| 4부 |

인재

관리의 시대가 아닌
관계의 시대

성공은 하룻밤 사이에 이루어지지 않습니다.
당신이 사랑하는 일을 매일 꾸준히 했을 뿐입니다.

리드 호프먼(Reid Hoffman),
2012년 《뉴욕 타임스》 인터뷰 중

| PART 4 - 1 |

'일'이 학습과 성장이 된다면?

어떻게 하면 회사의 목표가 단순한 성과 목표에 그치지 않고 학습 목표로 확장될 수 있을까요? 매출 10억을 달성하는 것 보다 10억을 달성할 수 있는 실력을 갖추는 것이 더욱 중요합니다. 어떻게 하면 교육과 업무가 통합될 수 있을까요? 특정 교육 과정을 거쳐야 실력이 향상되는 것이 아니라, 일 자체가 교육과 통합될 수 있는 방향성이 중요합니다. 이는 모든 경영자와 리더들의 고민일 것입니다. 이 질문에 대한 답은 '심층연습'이라는 개념을 통해 알 수 있습니다.

"일에는 중독성이 있어"

저는 오래전, 판매사원들을 관리하는 조직에 있었습니다. 그 조직에서 전략기획실장으로 있었을 때입니다. 당시 회장님께 판매사원들이 어떻게 하면 즐겁게 일할 수 있을지에 관한 리포팅을 한 적이 있습니다. 그 보고서에는 판매사원들의 근무 여건, 승진 제도, 복지, 그리고 휴게실의 첨단화 등 다양한 내용을 포함하고 있었습니다. 전날 리포트를 제출하고 다음 날 회장님을 만나러 이동했습니다. 당일 새벽, 여의도에 있는 한 호텔의 조그마한 방에서 회장님께 조언을 받기 위해 자리에 앉았습니다. 회장님은 100페이지가 넘는 레포트를 보신 후 저에게 이렇게 말씀하셨습니다. "판매사원들을 위해 다양한 제도와 시스템을 만드는 것은 좋지만, 자네가 지금 잘 모르는 게 있네"라고 말이죠. 이어서 "일에는 중독성이 있어. 그 중독성이 살아나야 사람들이 즐겁게 일해"라고 말씀하셨습니다. 대화의 주제는 빠르게 다른 곳으로 넘어갔습니다. 그 말을 들은 제 마음에는 "일에는 중독성이 있어"라는 표현이 계속 맴돌았습니다. 매출이 10조가 넘는 기업의 총수가 차장, 부장급 직위에 있는 저에게 이런 얘기하는 게 굉장히 어색했습니다. 중독이라는 단어가 꼭 긍정적인 의미만을 지닌 것이 아니었기에 마음속으로는 "그러면 일 중독이 되어야 한다는 말인가?"라는 생각도 들었습니다. 이후로 관련된 책들도 읽어보고 선배들에게 조언을 구하기도 했습니다. 머리로는 이해가 되었지만, 실제로는 그 말이 어떤 의미일지 더 깊이 이해하고 싶었습니다.

성장을 돕는 심층연습

몇 권의 책을 소개하려고 합니다. 먼저, 말콤 글래드웰(Malcolm Gladwell)의 명서인 『아웃라이어』입니다. 이 책은 우리가 잘 알고 있는 '1만 시간의 법칙'을 최초로 대중화시킨 책입니다. 어떤 영역에서 하루에 세 시간씩 총 10년을 투자하면 1만 시간을 누적하게 됩니다. 그때 비로소 트리거가 작동하여 최고 전문가 수준에 이르게 되는 것이죠. 전 세계적으로 탁월한 결과물을 보면 이러한 공통적인 특징을 갖게 되며 이것이 필요하다고 이야기합니다.

다음 서적은 안데르스 에릭슨(Anders Ericsson)의 『1만 시간의 재발견』입니다. 이 책은 『아웃라이어』 이후에 출간된 책으로, '1만 시간의 법칙'을 재조명하고 있습니다. 이 1만 시간이라고 하는 것이 기계적인 시간이 아니라는 것입니다. 의식적 연습(Deliberate Practice)의 힘이라는 게 있다는 것을 발견합니다. 어떤 사람을 보니 1만 시간이 아니라 6,000시간만으로도 세계 최고 수준에 도달할 수 있다는 것을 발견한 것입니다. 1만 시간의 비밀은 기계적인 시간이 아니라 의도된 연습에 있다는 것을 강조합니다.

다음으로 대니얼 코일(Daniel Coyle)의 『탤런트 코드』라는 책입니다. 코일은 전 세계를 돌아다니면서 탁월한 결과물들이 드문드문 발생하는 것이 아니라 한 번에 몰려 발생한다는 것을 발견합니다. 그래서 1만 시간에는 정말 '심층연습'의 용광로가 있다는 것이죠. 용광로, 어떤 구조화된 어떤 시스템이 있다는 것입니다. 그렇게 코일은 『탤런트 코드』라는 책을 통해 심층연습의 비밀에 대해 알려줍니다.

성과를 만드는 강점 트레이닝

대니엘 코일은 심층 연습의 중요성을 설명하며, 책 후반부에 시각적으로 이해할 수 있도록 그림을 제시합니다. 각자는 재능이 폭발되는 어떠한 지점이 있다는 것입니다. 피터 드러커(Peter Drucker)도 비슷한 표현을 썼습니다. "지식 근로자는 오직 자신의 강점을 통해서만 성과를 낸다. 그러므로, 경영자는 구성원들의 강점이 발휘될 수 있도록 해 주어야 된다." 거의 진리에 가까운 이야기인 것 같습니다. 그러나 재능이 폭발하기 위해서는 심층 연습이 필요합니다. 심층 연습의 공간에서 마치 양파 껍질을 벗기듯이 재능을 폭발시켜 주어야 합니다. 그러기 위해 두 가지가 필요합니다.

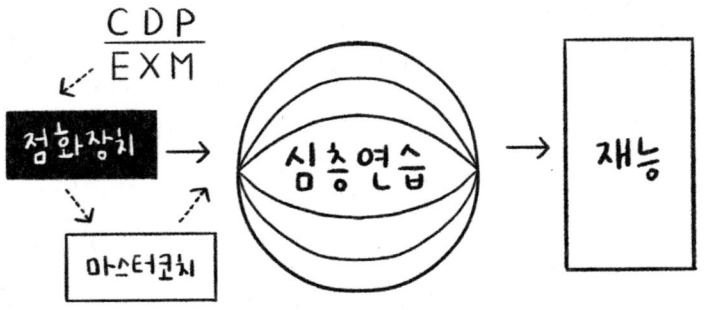

| 출처 | 대니얼 코일, 〈탤런트 코드〉

1) 점화장치

첫 번째, 점화장치, 즉 트리거(trigger)가 작동해야 합니다. "와, 나 저거 하고 싶어! 나 이렇게 되고 싶어!"라고 하는 심적 표상이 생기는 것이죠. 어린아이들이 아이스 링크장에 가서 스케이트를 타면서 머릿속으로는 김연아 선수를 연상하는 것처럼 말입니다. 또 초등학교 야구 클럽을 떠올려 봅시다. 아이들은 공을 던지면서 머릿속에는 류현진 선수를 생각하는 것입니다. 이것이 바로 점화 장치이죠. 이처럼 사업을 시작하는 스타트업 대표에게는 어떤 심적 표상이 있을까요? 로레알 그룹이 6,000억을 투입해 인수한 스타일난다의 김소희 대표, 배달의 민족의 김봉진 대표와 같은 성공적인 인물들이 머릿속에 있을 것입니다. 스타트업 얼라이언스(Alliance)에서 만났던 멘토나 선배 등을 떠올릴 것입니다. 그렇게 탁월하게 경영하고 싶다는 것입니다. 이처럼 심적 표상이 형성되어야 합니다.

2) 마스터 코치의 존재

심층 연습을 위해 필요한 것 두 번째는 바로, 마스터 코치의 존재입니다. 이 마스터 코치의 존재는 말콤 글래드웰이나 다른 리더들이 이야기하지 않았던 영역으로, 대니엘 코일이 강조한 부분입니다. 마스터 코치는 GPS처럼 일을 단계별로 나누어 주고, 다음 단계에서 무엇을 해야 하는지 안내해 주는 역할을 합니다. 이런 존재가 필요하다는 것이죠. 이것을 조직에 적용하면 세 가지 측면이 있습니다. 이 개념을 삼위일체라고도 볼 수 있습니다.

첫 번째는 실제로 실천해 볼 수 있는 필드가 필요합니다. 일거리가 필요한 것이죠. 두 번째는 이 일을 통해서 되고자 하는 어떤 방향성이 필요합니다. 이를 과거에는 CDP(Career Development Plan)라고 불렀고, 최근에는 EXM(Employee Experience Management)라고 칭합니다. 세 번째, 마스터 코치입니다. 사내에서 마스터 코치 역할을 수행하는 것이죠. 이 세 가지가 회사 내에서 있는가를 확인하는 것은 굉장히 중요한 관점이 됩니다.

몰입의 즐거움을 높이는 3가지

한 가지 사례를 더 들어보겠습니다. 미하이 칙센트미하이(Mihaly Csikszentmihalyi)가 쓴 『몰입의 즐거움』이라는 책입니다. 미하이 칙센트미하이는 그의 책에서 개인이나 조직이 몰입의 행복감을 느끼기 위해, 필요한 세 가지 요소를 제시했습니다. 첫 번째는 명확한 목표입니다. 이는 심적 표상으로 명확한 목표의 필요성을 강조합니다. 두 번째는 능력과 목표 수준의 긴장감입니다. 도전적(challengeable)인 것입니다. 즉, 목표가 너무 높거나 혹은 너무 낮으면 안 된다는 것이죠. 마지막으로, 즉각적인 피드백이 필요하다고 말합니다.

대니엘 코일이 설명한 심층 연습의 세 가지 단계와 미하이 칙센트미하이가 『몰입의 즐거움』에서 제시한 세 가지 단계가 연결되어 보입니다. 명확한 목표는 트리거(trigger)가 작동하는 것과 같습니다. 어떤 방향성이죠. 능력과 목표 수준의 긴장감은 심층 연습입니다. 그리고 즉각적인 피드백을 제공하는 것은 바로, 마스터 코치입니다. 이처럼 학자들은 유사한 원칙들을 제공합니다. 그러나 경영자들과 리더들이 실제로 적용하기 어렵다는 것입니다. 예를 들어 능력과 목표 수준의 긴장감 관점에서 너무 도전적인 목표를 설정하면 직원들이 포기할 위험이 있습니다. OKR에서 목표를 도전적으로 설정한 후에 달성률이 30% 또는 40%에 불과하더라도 "우리는 도전적으로 목표를 설정했으니 괜찮아."라고 생각할 수 있습니다. 이렇게 접근한다면 오히려 KPI가 더 효과적일 수 있습니다. 그러나 반대로, KPI를 지나치게 엄격하게 설정하면 심리적 불안감이 커져 창의적인 목표 설정을 하지 못할 수도 있습니다.

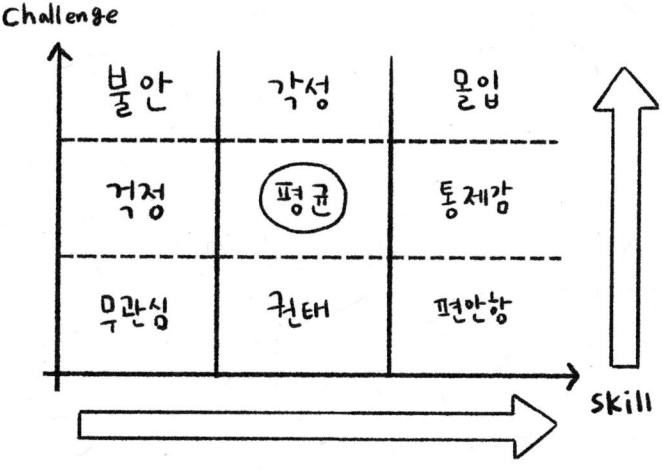

| 출처 | 미하이 칙센트미하이, <몰입의 즐거움>

위에 표는 몰입의 즐거움에서 제시한 개념입니다. 가로축은 Skill입니다. 기술의 수준이죠. 세로축은 Challenge, 도전의 수준입니다. 몰입이라고 하

는 것은 우측 가장 위에 존재합니다. 가운데는 평균인 것이죠. 기술과 도전의 수준이 모두 낮은 상태는 무관심 영역에 해당합니다.

저에게 골프는 전혀 관심 없고 하고 싶지도 않은 것이기에 무관심 상태인 것입니다. 반면, 축구는 좋아하기 때문에 더 잘하고 싶습니다. 축구 할 때는 굉장히 즐겁게 뜁니다. 청년들과 두 시간 이상 뛰기도 합니다. 이것이 몰입입니다. 기술의 수준은 높은데 도전의 수준이 낮다면 편안함과 통제감을 느끼게 되고, 기술의 수준은 떨어지는데 도전의 수준이 높다면 불안해하고 걱정하게 됩니다. 중간 정도 경우는 각성 상태가 나타나거나 권태를 느끼기도 합니다.

여러분과 함께 일하는 직원들을 잘 관찰하십시오. 어떤 사람들은 무관심의 영역에 있을 수 있고, 어떤 사람들은 편안함 혹은 권태를 느낄 수도 있습니다. 이 경우 도전의 수준을 높여야 하는 것입니다. 또 어떤 구성원은 불안이나 걱정 상태에 있는 사람들이 있습니다. 그렇다면 이때는 기술의 수준을 올려줘야 하는 것이죠. 좀 더 학습에 집중할 수 있도록 만들어주는 것입니다. 이것이 미하이 칙센트미하이가 제시한 기술과 도전 수준의 상관관계입니다.

3·5카드로, 소통하여 성공시켜라!

여러 학자의 다양한 통찰을 바탕으로, 논의를 통해 도출된 양식이 바로 3·5 카드입니다. 3대 과업과 5대 해결 과제를 포함합니다. 업무의 주도성을 부여하는 방식이죠. 즉, 일을 먼저 해보고 나중에 조정하겠다는 방식을 지양합니다. 신입사원 입사, 경력 사원의 합류, 부서 이동, 또는 회사 전략의 변경 등 무엇이든 간에 3대 과업과 5대 해결 과제를 미리 제시하는 것이 중요합니다. 카드 윗부분이 3대 과업, 아랫부분이 5대 해결 과제입니다.

		실무
	①	
	②	
	③	

우선순위	해결과제	기한	리더
1			
2			
3			
4			
5			

| 출처 | 가인지캠퍼스

3대 과업에서는 심적인 표상을 담아야 합니다. 즉, 점화 장치를 작동하여 명확한 목표 의식을 가지는 것입니다. 예를 들어, 생산 팀장의 경우, '현재보다 두 배의 생산 규모를 달성하는 것'이 심적인 표상이 되는 것이죠. 내가 채용된 이유는 '두 배의 생산 규모를 만들어내기 위한 것'임을 상기시키는 것입니다. 그러면 과업은 품질 수준 향상, 일 가동률 증대, 재입 공장 준비 등이 될 수 있습니다. 그래서 향후 몇 년 이내에는 어떤 품질을 달성할 것인지 목표를 설정하는 것입니다. 기한을 구체적으로 설정하는 것도 중요합니다. 일반적으로 신입사원급이라면 3개월, 팀장급이라면 6개월,

본부장급이라면 약 1년 정도의 기한을 두는 것이 적절합니다. 이후, 우선순위에 맞춰 5개의 해결 과제를 설정합니다. '현재보다 두 배의 생산 규모를 달성하는 것'이 과업이라면, 이를 달성하기 위해 해결해야 할 과제는 더 구체적입니다. 예를 들어, 원가 품질 개선 사례 20건, 공정 개선 건수 10건, 신소재 개발 5건, 작업 생산성 30% 개선, 팀장급 대체율 70% 등이 될 수 있습니다. 과업은 문과생의 표현이고, 해결 과제는 이과생의 표현이라도 할 수 있습니다. 즉, 과업은 추상적이고 넓은 목표를 지칭하는 반면, 해결 과제는 더 구체적이고 측정 가능한 결과값을 의미합니다.

이처럼 좌뇌와 우뇌를 모두 활용하는 것이 중요합니다. 카드 우측에는 실무 담당자와 리더가 각각 사인을 하게 됩니다. 3·5 카드를 작성하는 것은 어떤 심층 연습의 공간의 기능을 하게 만듭니다. 일 자체가 학습이 되는 것입니다. 마스터 코치, 리더의 역할을 기억하시기를 바랍니다.

비즈니스는 일을 수행하기 위해 모인 것입니다. 학습을 위해 모인 것이 아니죠. 하지만 공부하고 학습하지 않으면 역량이 향상되지 않습니다. 새로운 방식으로 부가가치를 창출할 수가 없습니다. 따라서 경영자, 리더는 일 자체가 학습이 되도록 심층 연습의 고리를 만드는 것이 중요합니다. 3·5 카드를 참고하여 일이 곧 학습이 되는 방향으로 활용하시기를 바랍니다.

BUSINESS IS <u>LOVE</u>

↪

당신이 사랑하는 일을 한다면,
그 일은 결코 '노동'이 되지 않습니다.

하비 맥케이(Harvey Mackay),
1988년 《How to Swim with the Sharks Without Being Eaten Alive》 출간 당시

| PART 4 - 2 |

직급과 상관없이 전 직원의 잠재력을 이끌어내는 전략

회사에서 신입사원을 뽑다 보면, 매우 훌륭한 신입사원을 만날 때가 있습니다. 그럴 때 신입사원을 조금 도전적인 영업부에 배치합니다. 어떤 면에 있어서는 영업팀장보다도 성장 가능성이 높다고 느껴질 때가 있습니다. 영업 팀장 밑에 두면 그 사람의 성장이 막힐 것 같은 느낌이 들 때도 있습니다. 예를 들어, 신입사원을 채용하여 마케팅실에 배정했다고 합시다. 이 친구는 도전 의지도 강하고 성장 의지도 큽니다. 지나가다 보니 마케팅팀장이 경영자의 눈높이에 맞지 않는 방식으로 대화하는 모습을 보게 됩니다. 이런 상황에서 경영자는 매우 안타까운 마음이 들 수밖에 없습니다.

신입사원도 함께 성장하는 조직

통계 조사 결과에 따르면 직장인들의 가장 큰 퇴사 이유는 상사 때문이라고 합니다. 대표 때문이라는 경우도 많습니다. 다른 통계 조사에서도 상사나 대표 때문에 퇴사하는 경우가 가장 많습니다. 혹은 조직의 분위기나 문화가 자신과 맞지 않아서입니다. 직급과 직책에 대한 불만 때문에, 또는 지켜지지 않는 워라벨(Work-Life Balance) 때문에 퇴사하는 경우도 많습니다. 이러한 퇴사의 대부분은 사실 신입사원의 바로 위 상사 때문에 발생하는 문제입니다. 실력 있는 신입사원을 성장시키는 일은 매우 어려운 일입니다.

대부분의 조직은 어떤 필요에 의해 피라미드형 구조로 구성됩니다. 맨 위의 한 사람이 그 아래 사람을 섬기는 것이죠. 그 밑으로 쭉쭉 뻗어 나갑니다. 가장 아래 있는 사람이 굉장히 훌륭하게 느껴진다고 해도 결국은 아래에 있기 때문에 그 위가 병목처럼 느껴지게 됩니다. 그렇게 되니 결국 그 아래 있는 한 사람이 퇴사하게 되는 것입니다. 이에 따라 '우리나라 중소기업의 1년 이내 퇴사율이 40%에 달한다'라는 통계도 나오는 겁니다. 이런 문제를 완화하고 실력 있는 신입사원을 성장시키기 위해 세 가지 방식을 소개하려고 합니다.

첫 번째 방식 : 주니어 학습반을 운영하라

첫 번째, 새로 들어온 유능한 친구들이 퇴사하지 않고 조직에 오래 머물게 할 수 있는 가장 단순한 방법입니다. 바로, 중간에 있는 훌륭한 인재들을 활용하는 것입니다. 경영자가 구성해 놓은 교육과정을 놓고 중간 인재들이 운영하도록 위임하는 것입니다. 약 1주 차부터 10주까지 진행합니다. 훌륭한 인재들을 모아 아침 7시 30분에서 9시까지 주니어 학습반을 운영하는 것입니다. 이를 통해 유능한 직원들이 모이고, 그들이 체계적인 교육과정을 통해 제대로 공부할 수 있도록 만들어주는 것입니다. 예를 들어, 마케팅 회사라면 오길비(David Ogilvy) 이야기, 필립 코틀러(Philip Kotler) 이야기, 가인지 캠퍼스의 내용들을 포함하여 제대로 교육해 주는 것입니다. 그렇게 주니어 학습반을 통해 각 부서의 사람들이 교육을 받게 되는 것이죠. 이에 따라 직원들의 실력이 더 드러나게 됩니다. 직원들의 실력이 향상되고, 도전 의지를 두고 더 배울 수 있게 되는 것입니다.

저의 첫 직장은 사내에 이런 학습반이 매우 많았습니다. 학습반의 수가 100개도 넘었던 것 같습니다. 신입사원으로 입사했고 분명히 제 상사가 있었지만, 저를 소유하려고 하지 않았습니다. 다른 교육을 받을 때도 "너 가지 마!"라고 하는 분위기가 아니었습니다. 마음껏 가게 해주었습니다. 학습은 주로 아침 일찍 진행되기에 업무 시간에 지장이 없었기 때문이었죠. 학습반에 가서 책도 읽고 법전을 공부하기도 했습니다. 작은 그룹은 세 명, 큰 그룹은 30명 정도로 구성되었습니다. 작은 기업이라고 해도 이런 사내 학습 동아리가 많지는 않습니다. 그래서 작은 기업의 경우는 경영자가 직접 주니어 학습반을 만들어 실력 있는 직원들을 교육하기도 합니다.

단, 몇 가지 원칙이 있습니다. 첫째, 반드시 선발 과정이 있어야 합니다. 신입사원 10명이 들어왔다고 해서 모두를 교육할 수 없습니다. 업무 외 시간에 교육을 진행하기 위해서는 모두를 교육하기는 어렵습니다. 그러므로 선택의 원리가 적용되는 선발을 해줘야 합니다. 둘째, 교육은 혹독함이 있어야 합니다. 대충 가르쳐서는 배웠다는 느낌이 들지 않습니다. 정말 핵심 인재인지 확인하기도 어렵습니다. 마지막으로, 차등의 원리가 적용되어야 합니다. 8명이 수업을 들었다면, 그중에는 매우 우수한 사람이 있을 겁니다. 단순히 수료한 사람, 기준에 미달해 수료하지 못하는 사람도 있을 것입니다.

선발의 원리, 혹독함의 원리, 차등의 원리, 잘 보시면 이것은 명문 학교의 특징입니다. 모두가 가고 싶어 하는 대학이나 학교는 이 세 가지 특성을 가집니다. 해병대에는 "누구나 해병이 될 수 있다면 나는 해병이 되지 않았다"라는 말이 있다고 합니다. 반드시 선발과 선택의 원리가 작동해야 하는 것입니다. 이것의 반대 예시는 예비군 훈련입니다. 선발도 없고, 혹독함도 없으며, 차등도 없습니다. 모두에게 똑같은 것입니다. 훌륭한 신입사원을 키우기 위한 첫 번째 방법은 주니어 학습반을 운영하는 것입니다. 이름은 나름대로 설정하면 됩니다. 다양한 이름으로 예를 들어, '~ 학당', '~ 엘리트', '~ 아카데미', '~ 사관학교', '~ 프로그램' 등 뭐든 상관없습니다. 요즘 유행하는 용어를 사용해도 됩니다. 리더가 보기에 조직 내에 뛰어난 인재들이 중간중간 보입니다. 그런데 기존의 리더십들을 봤을 때, 이들이 퇴사할 것만 같고, 정말 이들을 성장시켜 주는 것에 제한이 있는 것 같을 때 적용하면 됩니다. 아침 일찍 불러 모아 혹독한 교육을 하십시오. 그리고 수료한 사람들에게는 수료한 자격으로 새로운 직책을 임명할 수 있게 되는 것입니다.

두 번째 방식 : TF 방식을 활용하라

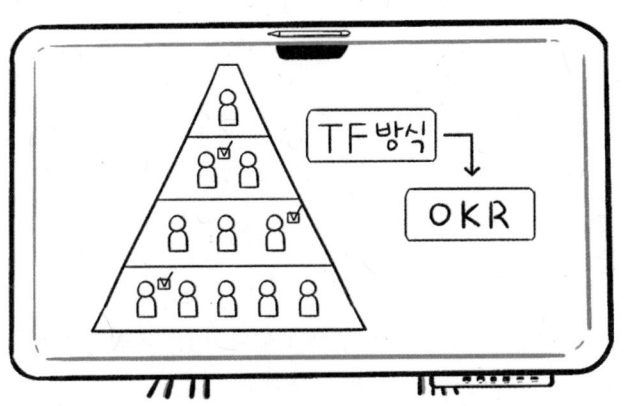

*TF(Task Force)
어떤 과제를 성취하기 위해 필요한 전문가들로 구성되고 기한이 정해진 임시조직

두 번째 방식입니다. 첫 번째 방식을 실행하지 않더라도 두 번째 방식을 사용하셔도 괜찮습니다. 부득이하게 피라미드형 조직 구조에 있는 상황에서 시도해 볼 수 있는 방법입니다. 바로, TF를 출발하는 방식입니다. TF 방식이라고 부르죠. 경영자는 기존 조직에서 새롭게 추진하고 싶은 일이 있을 것입니다. 예를 들어 신규 시장 진출이나 B2C 진출, 혹은 신제품, 어떤 문제 해결 등과 관련된 일들일 수 있습니다. 그렇다면 그 일에 부합하는 조직 내 훌륭한 인재들이 있을 것이죠. 그러면 그런 인재들을 TF(Task Force) 팀으로 전임, 반전임, 겸임 등 다양한 형태로 배치할 수 있습니다. 경영자는 직접 TF 팀장을 맡거나, 해당 인재를 이동시켜 TF 팀장을 맡게 하는 등 별도의 TF를 수행할 기회를 주는 것입니다. 이렇게 되면, 직원들은 단순히 자기 상사와만 소통하는 것이 아니라 다양하고 훌륭하게 소통하게 됩니다. 더불어 "이 조직에는 훌륭한 사람이 많구나"라는 인식을 가지게 되는 것입니다.

조직 문화의 핵심은 다양한 복지나 제도가 아니라, 그 사람 주변을 훌륭한 사람으로 채워주는 것입니다. 이렇게 사내에서 TF 수행을 통해 새로운 영역을 경험할 수 있습니다. 기존 업무를 넘어 다양한 TF에 참여하며 여러 업무를 경험할 수 있습니다. 예를 들어, 상품 개발 TF를 운영하거나, 회사 내에서 리더십을 발휘할 기회도 생기는 것입니다. 이러한 방식이 사내에서 자주 일어나게 만들어 주는 것이 중요합니다. 이를 가능하게 하는 방법의 하나가 바로 OKR입니다. OKR은 지금의 성과 관리 방법론에서 매우 중요합니다. 여러 조직 문화의 상태를 반영하기에 더 효과적입니다. OKR은 전 직원이 TF 방식으로 변화하자는 취지를 담고 있습니다. 3개월 단위로 기존 업무도 TF를 하듯이 수행하는 것입니다. 반복되는 업무도 TF 방식으로 접근하는 것이죠.

세 번째 방식 : 부서를 구별하라

마지막으로, 실력 있는 신입사원이 퇴사하지 않고 조직에서 성장할 수 있도록 하는 방법은 부서를 분리하는 것입니다. 예를 들면 영업부를 두 개로 나누어 새로운 팀을 구성하는 방식입니다. 영업부 내에 실력이 있는 인재가 있다면 영업부를 영업 1팀과 영업 2팀으로 나누는 것입니다. A라는 사람을 1팀장으로 임명하고, 새로운 인재를 2팀의 팀장으로 세워서 두 팀으로 구별합니다. 그렇게 새로운 리더십으로 임명해 주고 그 안에서 슈퍼바이징(Supervising) 할 수 있도록 만들어줘야 합니다. 활성화되어 있지 않은 팀장 아래의 유능한 인재들을 방치하지 않기를 바랍니다. 이렇게 부서를 1팀과 2팀으로 구별하여 성과를 명확하게 구분하는 것이죠. 이에 따라 도전할 수 있게끔 만들어 주는 방식입니다.

좋은 사람이 아닌 탁월한 사람을 찾는다

마커스 버킹엄(Marcus Buckingham)의 『일에 관한 아홉 가지 거짓말』이라는 책이 있습니다. 1번부터 9번의 거짓말 중 마지막 9번에 거짓말은 바로, '리더십은 중요한 것이다.'입니다. 너무나 필요한 관점입니다. 갤럽에서 조사한 결과 사람들은 리더십을 따르기보다는 탁월성을 따르는 경향이 있다는 것입니다. "사람들은 리더십이 아니라 탁월성을 따른다." 물론 탁월성 자체도 리더십의 일환으로 볼 수 있겠지만, 좁은 의미에서의 리더십은 상당 부분 관계 지향적 리더십을 의미합니다. 사람들이 누군가를 따를 때, 단순히 그가 얼마나 좋은 사람인지보다 그를 따를 때 자신의 실력을 얼마나 키워줄 수 있는 사람인지를 더 중요하게 여긴다는 것입니다. 어렵게 연봉도 조정하고 채용 브랜딩도 하며 신입사원을 뽑았습니다. 새로운 직원들이 기존 직원들과 비교했을 때 훌륭합니다. 그 조직에 굉장히 좋은 일입니다. 그 상태를 그대로 두기는 조직 차원으로 볼 때 어렵습니다.

바로 이런 상황에 앞서 소개한 것과 같이 학습반을 만들거나, TF를 운영하거나, 부서를 분리하여 다양한 업무를 직접 경험할 기회를 제공하는 것입니다. 이런 방법을 제시하는 이유는 마커스 버킹엄이 제시한 바와 같이 리더십의 핵심은 탁월성에 있기 때문입니다. 탁월성의 가능성이 있는 인재를 발견했다면, 그 인재를 탁월한 리더 밑에 배치하는 것이 중요합니다. 이것이 언더백 기업에서 실력 있는 신입사원을 성장시키는 방법입니다. 만약 신입사원이 회사에서 자신의 성장이 어렵다고 느낀다면, 빠르게 새로운 기회를 찾아 떠나는 것이 지금 세대의 흐름입니다. 그것을 꼭 잘못됐다고 할 수도 없는 것이 지금의 흐름이죠. 그러므로 조직 내에서 팀장을 세우거나 리더를 임명할 때는 탁월한 인재를 세우시기를 바랍니다. 그 주변을 탁월한 사람들로 채워주는 것이 중요합니다. 이것이 리더가 해야 할 일입니다.

BUSINESS IS <u>LOVE</u>

↪

일을 미워하며 하는 사람과,
일을 사랑하며 하는 사람 사이에는
엄청난 격차가 생깁니다.

헨리 포드(Henry Ford),
1922년 《My Life and Work》 출간 중

| PART 4-3 |

나잇값, 직급값, 경력값 좀 해!

"나잇값, 직급값, 경력값 좀 해!"

우리는 종종 이런 이야기를 하곤 합니다. 신입사원일 때는 작은 일 하나를 완성해도 잘했다며 박수를 받습니다. 과장급이 되면 웬만한 일은 본인이 처리해야 합니다. 기본적인 일은 후배한테 맡기고 더 무게 있는 일을 맡아야 한다고 요구받는 경우도 있죠. 이렇듯 역할에 따른 무게 값이 있습니다. 이런 관점으로 발달심리학에서 주는 교훈도 있습니다. 에릭 에릭슨(Erik Erikson)의 심리·사회적 발달 이론을 예로 들 수 있습니다. 그전에 심리학의 발전은 기본적으로, 프로이트(Sigmund Freud)로부터 시작됐습니다.

프로이트가 말하는 심리학

프로이트는 인간의 두뇌가 단순히 어떤 선천적 특성이나 순간적인 능력에 의해 결정되는 것이 아니라고 주장합니다. 프로이트는 인생 초기의 경험이 사람의 성격과 행동에 큰 영향을 준다고 강조합니다. 특히, 특정 신체 부위에 따른 욕구를 설명하는 심리 성적(psychosexual) 발달의 개념을 제시했습니다. 프로이트는 어린 시절 부모와의 관계와 기초적인 욕구의 충족 방식에 따라 성인기의 삶이 결정된다고 보았습니다. 그러면서 프로이트는 꿈의 해석이나 정신분석학 등의 내용도 제시했습니다. 저도 고등학생 시절 해당 내용의 책을 읽으며 "와, 이런 세상이 있구나"라며 놀라움을 느꼈던 기억이 납니다.

프로이트는 사람의 생각과 마음을 분석하면서 많은 통찰을 제공했습니다. 그의 접근 방식이 다소 진부하다는 비판도 있었습니다. 특히, 프로이트의 제자였던 칼 융이나 후속 세대의 심리학자들은 프로이트의 심리학이 인간을 지나치게 과거 지향적으로 만들고, 결정론적이라는 비판도 제시했습니다. 사람의 생각과 마음은 12살 이전에 다 결정되는 것이 아니라 그 이후에도 계속 발전한다는 성찰이 있게 됩니다. 이른바 발달 심리학 방향으로 이동하는 것이죠.

에릭 에릭슨이 말하는 발달심리학

에릭 에릭슨이 제시한 8단계의 심리 사회적(psychosocial) 발달 이론은 인간의 삶이 심리적으로 어떻게 발전하는지를 설명하는 데 널리 사용됩니다. 이 이론은 인생을 8가지 주요 발달 단계로 나누어 각 단계에서의 핵심 과제를 제시합니다.

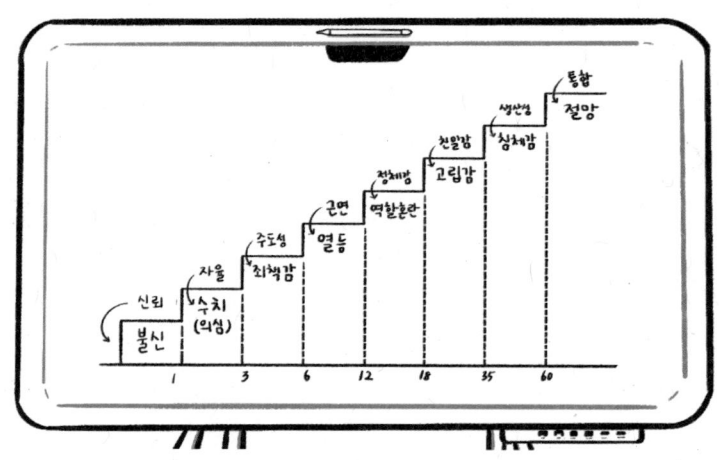

| 출처 | 에릭 에릭슨, 8단계의 심리사회적 발달 이론

첫 번째 단계, 태어나서 한 살까지는 부모와의 관계를 통해 '신뢰'를 형성하게 됩니다. 다음에는 3살 정도가 되면 '자율성'의 단계로, 아이들이 뭔가를 마음껏 해볼 수 있는 것을 경험합니다. 세 번째로 6세 정도가 되면 '주도성'이라고 하는 개념을 그 위에 얹게 된다고 말합니다. 12살, 아동기가 되었을 때는 스스로 무언가 꾸준히 하는 것을 통해 '근면성'을 경험하게 됩니다. 그 이후에 18세, 청소년기까지는 '자아 정체감'을 가지게 됩니다. 자

신이 어떤 사람인지, 누구인지, 어디서 오고 어디로 가는지에 대한 질문에 답하는 것입니다. 35세까지는 '친밀감'을 경험합니다. 사람과 사람 사이의 상호 의존성이죠. 나도 정체감이 있고, 상대도 정체감이 있는 상태에서 서로를 존중하면서 상호 의존성을 가지는 것입니다. 스티븐 코비(Stephen Covey)도 굉장히 강조한 측면이기도 합니다. 60세까지는 '생산성'의 단계입니다. 내가 사회에 공헌하고 자신의 부가가치를 갖는 단계입니다. 마지막, 모든 발달 단계를 거친 이후에는 '통합'의 단계로 나아가 생의 마지막까지 통합적인 삶을 살아가게 됩니다.

각 시기의 단계에서 핵심 과제가 긍정적으로 발달하지 않았을 때, 나타나는 파괴적인 발달 측면이 있습니다. 이 경우, 신뢰는 '불신'으로, 자율성은 '수치심'이나 '의심'으로 나타납니다. 주도성은 '죄책감'으로, 근면성은 '열등감'으로 나타나며, 정체감이 제대로 형성되지 않으면 '역할 혼란'으로 이어질 수 있습니다. 친밀감의 단계를 충분히 거치지 않으면 '고립감'을 경험하게 됩니다. 생산성은 '침체감'으로, 통합의 단계에서는 통합 대신 '절망'을 경험하게 된다고 말합니다.

회사에 적용하는 발달심리학

에릭슨은 단계별로 이른바 나잇값과 직급값을 하기 위해, 제대로 된 심리 사회적 발달을 위해 창조적 혹은 생산적 활동을 해야 한다고 강조합니다. 개인에게 회사는 입사하는 것이 마치 어린아이가 태어나는 것과 마찬가지라고 볼 수 있습니다. 신입사원이 회사에 입사하여 수습 기간을 거칠

때, 우리는 신뢰를 부여합니다. 신입사원의 수습 기간, 회사에서는 신뢰할 만하다는 메시지를 주고, 신입사원이 이를 인식하도록 하는 것이 중요합니다. 신입사원은 스스로가 신뢰성 있는 사람이 되기 위해 노력해야 하는 것이기도 하죠.

주도성과 근면성 단계까지 되면 대리급 정도라고 볼 수 있습니다. 대리급에서는 주도성과 근면성을 바탕으로 스스로 시간을 관리하고 목표를 달성하는 능력을 갖추는 것이 중요합니다. 정체감과 역할 혼란의 단계에서는 과장, 차장급 정도 된다고 볼 수 있습니다. 이때는 회사 내에서 자신의 직무 전문성을 확립하고 팀워크를 통해 친밀감을 형성할 수 있는 단계입니다. 부장급이나 임원급은 생산성의 단계로 나아갑니다. 경영자의 단계에서는 통합의 개념이 적용됩니다. 이때부터는 통합적으로, 종합되는 단계를 의미합니다. 경영자는 각 레벨에서 필요한 역할을 수행합니다. 경영자는 때때로 과장급, 대리급, 심지어 신입사원과 같은 다양한 역할을 수행할 수 있는 것이죠.

주변에 나이가 많은 분 중에 성숙의 단계에 있는 분들을 떠올려 보십시오. 그분들을 보면, 중고등학생이나 어린이와 잘 어울립니다. 아이들과 이야기할 때는 마치 어린아이의 느낌으로 대화해 줍니다. 또 청년들을 만나면 그들의 눈높이에 맞추어 이야기합니다. 어른과의 대화에서도 어른의 눈높이로 대화합니다. 이렇게 성숙의 단계에 도달한 시니어들은 자신의 방식이 아니라 상대의 시각에 맞춰 이야기합니다. 마치 두 가지 모자를 쓰는 것과 같습니다. 리더는 모든 모자를 다 쓸 수는 없지만, 최소한 리더의 모자와 실무자의 모자를 바꾸어 쓸 줄 아는 능력을 갖추는 것입니다.

눈높이에 맞춰서 소통하라!

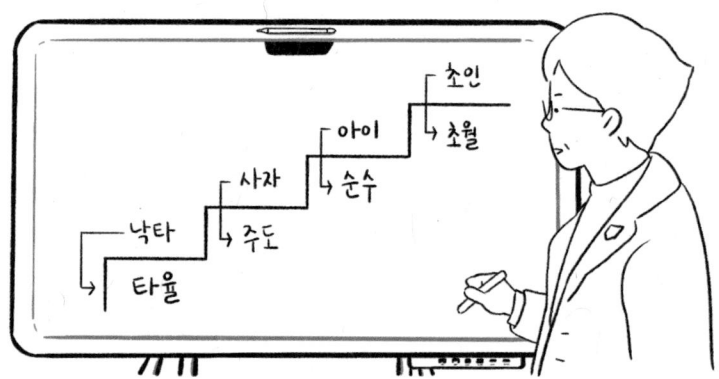

| 출처 | 프리드리히 니체, 〈차라투스트라는 이렇게 말했다〉

그의 저서 『차라투스트라는 이렇게 말했다』를 예로 들어보겠습니다. 이 책은 "신은 죽었다"라는 표현으로 유명하며, 시 같기도 에세이 같기도 한 내용으로 가득합니다. 이야기 전개가 복잡해 완벽히 이해한 사람이 거의 없고, 니체 자신도 전부 이해하지 못했을 것이라는 말이 있을 정도입니다. 책에서는 인간을 네 단계로 설명하는 내용이 나옵니다.

사람을 바라볼 때 첫 번째, 낙타 같은 인간입니다. 타율에 의해서 자기가 어디로 가는지도 모르고, 자기가 가야 될 방향도 모르고 가는 것이죠. 주인이 등에 짐을 실어 놓으면 그 짐을 지고 어디로 가는지도 모르게 가는 존재라는 것입니다. 다음으로 사자는 주도적으로 행동하면서 다른 사람들을 공격하여 자신의 욕구를 채우는 사람입니다. 거기에서 조금 더 발달하면, 사자형 인간에서 벗어나 순수성을 가진 아이의 모습을 보인다고 합니다. 결국 인간은 초인이 된다고 합니다. 여기서 번역은 초인으로 되었지만, 독일어로 위버맨쉬(Übermensch), 즉 '존재 위의 존재'를 의미합니다.

니체의 시선으로 보면, 사람이라는 존재도 낙타처럼 타인의 명령에 의지하는 존재, 주도에 의지하는 사자 같은 존재, 순수에 의지하는 존재, 초월적인 존재가 있다고 보는 것입니다. 니체의 모든 주장에 동의하는 것은 아닙니다만, 그가 바라본 사람들의 이른바 직급 값, 나잇값, 각자가 있는 위치에 맞게 개별적으로 봐야 한다는 관점에서는 인사이트를 얻을 수 있다고 생각합니다. 따라서, 첫 번째 인사이트는 이것입니다. 경영자 혹은 리더는 통합의 단계에 이르러서 신입사원은 신입사원 답게, 대리는 대리 답게, 과장이나 차장 혹은 임원에게도 그들의 눈높이에 맞춰 소통해야 합니다.

사람은 자신의 무능이 드러날 때까지 승진한다

피터의 법칙(Peter Principle)에는 약 120개 정도가 있다고 합니다. 그 중에서 "사람은 자신의 무능이 드러날 때까지 승진한다"라는 말이 있습니다. 이는 두 번째 인사이트와 관련 있습니다. 현장에서 많은 경영자들을 만나보면, "부장이 마음에 안 들어요", "팀장이 마음에 안 들어요", "신입사원들은 열심히 하는데 오래 일한 사람들은 별로예요", "최근에 들어온 사람은 마음에 들어요" 등의 이야기를 많이 듣습니다. 사실, 대부분은 그 말이 맞을 가능성이 높습니다. 시선을 조금만 바꿔보면, 신입사원은 새로 들어왔다는 것이죠. 직급이 낮은 사람들은 그들의 눈높이에 맞춰 보기 때문에 마음에 드는 것일 수도 있습니다. 반면, 오랫동안 일하고 직급이 높은 사람들은 높은 기대치로 보기 때문에 마음에 안 드는 것일 수도 있습니다.

얼마 전 손흥민 선수가 경기에서 프리킥을 차게 되었습니다. 제가 보기에는 잘못 찼습니다. 골대보다 많이 높이 올라갔던 것입니다. 해설자가 말하길 거의 들어갔다고 하더군요. 마음속으로 "해설자는 손흥민에 대한 기댓값이 낮구나"라고 생각했습니다. 만약, 메시가 그렇게 찼다면, 해설자는 '메시 요즘 폼이 별로 안 좋습니다'라고 했을 것입니다. 누군가에 대한 평가는 내가 그를 바라보는 눈높이에 따라 다릅니다. 메시를 바라볼 때, 프리킥을 10번 차서 두 번 못 넣으면 "요즘 폼이 떨어졌다"라고 말합니다. 반대로 제가 프리킥을 10번 차서 두 번 넣었다면 "와, 잘했다"라고 말할 것입니다.

이런 관점의 차이가 존재한다는 것입니다. 그러므로 현재 팀장이나 회사 내 직급이 높은 분들에 대한 평가에 대해 다시 생각해 봐야 합니다. 이미 그들이 해온 기여를 인정하면서 부족한 점을 이야기하는 것인지, 아니면 "사람은 자신의 무능이 드러날 때까지 승진한다"는 이유로 승진하면 안 된다고 판단하는 것인지 생각해봐야 합니다. 승진한 단계까지는 잘 한 것입니다. 승진할 때 잘한 부분은 인정해 주고, 그 후에 아직 부족한 부분에 대해 다루어야 합니다. 그 빈 곳이 있다고 해서 전체를 부정해 버리면 안 된다는 이야기입니다. 이 눈높이의 차이를 인식해서, 인정해야 할 부분을 잘 인정하시기를 바랍니다. 나잇값, 직급값, 역할의 무게 값과 관련하여 눈높이의 입체성을 가지시길 바랍니다.

BUSINESS IS <u>LOVE</u>

↪

리더십이란 지시하고 통제하는 것이 아니라
동기를 부여하고 신뢰를 얻는 것이다.

피터 드러커(Peter Drucker),
1996년 《미래의 조직을 이끌어가는 힘(Leader of the Future)》 중

| PART 4 - 4 |

3년 묵은 도라지를
생각하라!

조직에서 리더십을 세우는 것은 매우 중요합니다. 좋은 리더를 세우기 전에 한 가지 체크할 수 있는 것이 있습니다. 바로 성품이죠. 리더를 세울 때 기술적 측면만 아니라 성품도 함께 같이 보는 것입니다. 사람은 사람과 함께 일합니다. 사람이 누군가를 따를지 판단할 때, 기술적 탁월함도 중요하지만 성품을 더 중요하게 여깁니다. 리더의 5가지 성품은 겸손, 용기, 사랑, 열정, 온전함입니다. 이것은 데니스 바케(Dennis W. Bakke)가 쓴 『Joy At Work』라는 책에서 추출한 요소입니다. 이런 성품의 요소를 반드시 고려하여 리더를 세우시기를 바랍니다.

리더를 영입한다 했을 때 이런 리더는 어디 가서 찾기 어렵습니다. 아니 없습니다. 뒷산에서 3년 묵은 도라지를 3년 동안 찾아 헤매도 찾을 수 없습니다. 3년 전에 심었어야 지금 3년 묵은 도라지가 있는 것이죠. 그러니

3년 묵은 도라지를 원하신다면, 3년 전에 심으셔야 합니다. 그렇다면 그 방법은 무엇일까요? 바로 인재를 양성하는 것입니다.

| 출처 | 데니스 W. 바케, 〈Joy At Work〉

인재를 만드는 개인화 방식

인재를 양성하기 위해 사내에서는 두 가지가 필요합니다. 첫 번째, 소크라테스의 아카데미가 필요합니다. 교육과정을 마련하여 교실에서 교육하고, 지식 전수하여 똑똑한 인재를 양성해야 합니다. 똑똑한 학자보다 실력 있는 제자가 훨씬 더 중요합니다. 성경을 보면, 예수님은 교육을 개인화하셨습니다. 현장 교육을 통해 지식을 배양하셨죠. 이로 인해 훈련된 사람이 양성되는 것입니다. 현재 기업에서는 교실에서의 교육이나 지식 있는 학자보다, 현장에서 능력을 발휘할 수 있는 제자가 훨씬 더 중요합니다. 따라서 교실 교육보다는 본을 통해 가르치고, 1대1 훈련을 통해 문제의 약점이 전수되지 않도록 관리하는 것이 중요합니다.

우리는 이를 '예수님의 제자 양육 방식'이라고 표현합니다. 이것은 종교적인 이야기가 아니라, 교육학에서 다루는 내용입니다. 현장에서 실제로 해낼 수 있는 사람을 양성하는 것이 매우 중요합니다. 단, 구별은 해야 합니다. 나를 복제, 재생산하는 것이 아닙니다. 나와 똑같은 사람을 만들어 내는 것이 아니라는 것이죠. 그렇게 하면 그건 아바타일 뿐입니다. 따라서, 가르쳐야 할 모범과 인정해야 할 다양성을 구별하면서 리더를 양성해야 합니다.

Keymen 강점 매트리스

사람을 양성하는 것에는 두 가지 방향성이 있습니다. 첫 번째는 기술적인 탁월함입니다. 기술이 향상되어야 합니다. 이것을 직무 역량이라고도 부르고, 전문성이라고도 할 수 있습니다. 탁월함을 갖추는 것은 중요한 관점입니다. 기술만 탁월하다고 리더가 되는 것은 아닙니다. 리더는 태도, 인성이 좋아야 합니다. 다른 말로 조직역량이나 모범이라고 부르기도 합니다. 표를 그려보면 가로축에 기술과 태도가 있고 세로축은 선천적인지 혹은 후천적인지를 나눕니다. 후천적인 것은 훈련과 학습을 통해서 일어납니다. 발전 방향이 있는 것이죠.

선천적인 영역에서 태도적인 측면을 '성격'이라고 부릅니다. 대표적인 성격 유형 검사로는 MBTI 검사가 있습니다. 내향적인 사람은 쉴 때 혼자 있으면 좋고, 외향적인 사람은 쉴 때 친구들을 만나는 겁니다. 이는 인정해야 할 다양성입니다. 기술적인 영역에서 선천적인 것은 '재능'이라고 부릅니다. 재능(talent, gift)은 태어날 때부터 부모님으로부터 천부적으로 부여받고 태어나는 것이죠. 내가 어떻게 한 것도, 할 수 있는 것도 아닙니다.

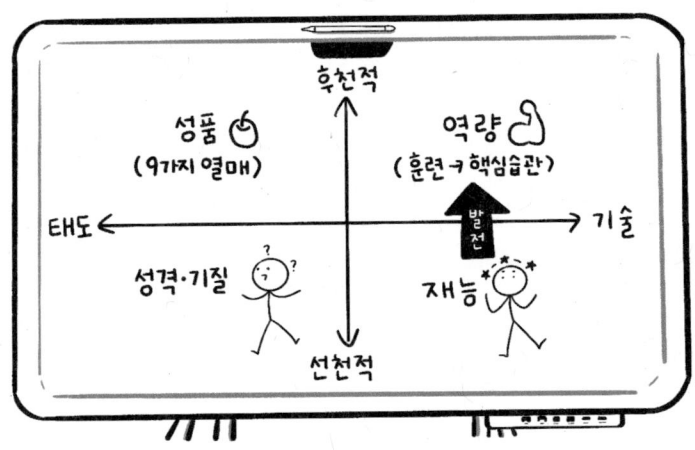

마이클 샌델(Michael J. Sandel)의 『공정하다는 착각』이라는 책에도 비슷한 관점이 나옵니다. 자신이 열심히 노력해서 이룬 성과들도, 사실은 자신의 노력보다 주변 환경과 주어진 여건에 의해 영향을 받는 경우가 많다는 것입니다. 그러므로 자기 능력을 너무 자랑하지 말라고 이야기합니다. 『피로 사회』나 『가짜 노동』과 같은 책에서도 이런 주장을 합니다. 성격과 재능은 타고나지만, 훈련과 학습을 통해 후천적으로도 발전시킬 수 있다는 것입니다. 이 훈련을 해주는 것이 조직의 역할입니다. 조직 내에서 성격과 재능은 인정해 주어야 합니다. 동시에 성격이 훈련되어야 합니다. 성격이 훈련되면 그것을 '성품'이라고 부릅니다.

사랑, 기쁨, 평화, 인내, 자비, 선행, 충성, 온유, 절제, 경청, 배려 등 성품은 모두가 따라야 할 중요한 덕목입니다. "저는 성격상 사랑을 잘 못합니다.", "저는 성격상 겸손이 어렵습니다.", "저는 성격상 배려를 잘 못합니다."라고 말하는 것은 바람직하지 않습니다. 성품은 누구나 갖춰야 할 모범적인 요소이기 때문입니다. 성품이 부족하면 리더로서 인정받거나 존경받기 어렵습니다. 리더의 말이 옳다 하더라도, 성품이 부족하면 그 말을 받아들이기 어려워집니다. 아무리 탁월한 능력을 갖추었더라도, 그 사람의 말이 듣기 싫어질 수 있습니다. 따라서 성품은 훈련이 필요합니다. 성격을 바꾸려는 시도보다는 성품을 연습하고 발전시키는 것이 중요합니다. 성격은 바뀌지 않지만, 성품은 훈련을 통해 개선할 수 있기 때문입니다.

그렇다면 재능이란 무엇일까요? 재능은 개인이 특정 분야에서 자연스럽게 발휘할 수 있는 잠재적인 능력이나 특성을 의미합니다. 예를 들어, 공간 지각 능력, 자기 이해 지능, 음악 지능, 신체 지능, 정서 공감 능력, 논리적 사고 능력 등이 모두 재능에 해당합니다. 이는 하워드 가드너(Howard Gardner) 교수의 다중지능 이론에서 언급된 다양한 지능들이죠. 그러나 이러한 재능을 가진 모든 사람이 노벨상을 받거나 탁월한 논문을 작성하는 것은 아닙니다. 운동 지각 능력이 뛰어나도 모두가 손흥민, 박찬호, 김연아와 같은 인물이 되는 것은 아닙니다. 그 이유는 바로 '역량'

이 필요하기 때문입니다. 역량은 훈련을 통해 개발되는 능력입니다. 고성과자에게서 반복적으로 나타나는 행동 특성이기도 합니다.

예를 들어, 손흥민 선수가 뛰어난 슈팅 능력을 발휘하기 위해서는 슈팅 역량이 필요하고, 이승엽 선수가 홈런을 치기 위해서는 홈런을 칠 수 있는 역량이 요구됩니다. 간호사라면 주사를 정확하게 놓을 수 있는 역량, 의사라면 수술을 성공적으로 수행할 수 있는 역량이 필요합니다. 우리는 단순히 재능이 있다고 해서 그 재능을 가진 사람을 높이 평가하지 않습니다. 오히려, 그 재능을 탁월한 훈련을 통해 역량으로 발전시킨 사람을 높이 평가합니다. 따라서 표 위에 해당하는 성품과 역량은 우리가 따라야 할 모범이고, 아래에 있는 성격과 재능은 인정해야 할 다양성이 되는 것이죠.

관찰에는 힘이 있다

조직 내에서 리더를 임명할 때 중요한 요소가 있습니다. 첫째, 리더를 선정할 때 그 사람의 성격이나 재능은 관찰의 대상이지 훈련의 대상이 아닙니다. 이는 오케스트라 지휘자가 각 연주자가 어떤 악기를 연주하는지 파악해야 하는 것과 유사합니다. 예를 들어, 콘트라베이스를 가진 연주자에게 높은 음을 내라고 요구하는 것은 불가능합니다. 먼저 관찰을 통해 각 사람이 어떤 악기를 가진 것인지를 파악해야 합니다. 이후 바이올린을 가진 연주자에게는 처음에 'G선상의 아리아'와 같은 곡을 연습시키고, 점차 '라 캄파넬라(La Campanella)'와 같은 더 난이도가 높은 곡을 훈련할 수 있도록 해야 합니다. 이처럼, 정확한 관찰이 매우 중요합니다.

3년 뒤 인재를 지금 확보하라!

Keyman 강점 매트리스에 따르면, 성격과 기질, 재능은 선천적인 영역에 속하며, 성품과 역량은 후천적으로 훈련을 통해 획득되는 영역입니다. 인재를 양성할 때는 인정해야 할 다양성과 훈련해야 할 모범을 명확히 구별해야 합니다. 태도적 측면과 기술적 측면으로 나누어, 한 단계씩 성장시켜 나가시기를 바랍니다. 조직의 문제를 발견했을 때, 그 문제를 즉시 해결할 수 있는 3년 묵은 도라지와 같은 인재는 존재하지 않습니다. 따라서 지금 무엇을 해야 할까요? 3년 후에 책임자로 임명할 인재를 현재 발견해야 합니다. 그의 성격과 재능을 평가하고 성품과 역량을 체계적으로 훈련시키는 것이 필요합니다. 이렇게 하면 3년 후에 필요한 인재를 확보할 가능성이 높아집니다.

잘못된 리더 영입은 조직에 큰 타격을 줄 수 있습니다. 가장 중요한 것은 일관성과 참여성입니다. 즉, 함께하는 것이 중요합니다. 성공적인 리더 영입을 위해서는 성품 체크리스트를 참고하는 것이 좋습니다. 팀 미팅을 통해 신중한 결정을 내리시기를 바랍니다.

| 5부 |

지식

10년 된 회사,
10년의 지식이 있는가?

고객은 언제나 사랑을 알아봅니다.
사랑으로 움직이는 비즈니스는 오래 갑니다.

메리 케이 애시(Mary Kay Ash),
1981년 《Mary Kay on People Management》 출간 당시

| PART 5-1 |

성장하는 조직의
숨겨진 비밀, 피드백

"역사상 알려진 지식 근로자를 위한
유일하고도 확실한 학습 방법은 피드백이다."
– Peter Drucker

직원을 성장시키는 피드백에는 어떤 특징이 있을까요? 피드백에는 두 가지 종류가 있습니다. 첫째, 상호 소통을 통해 이루어지는 피드백 코칭이 있고, 둘째, 자기 자신을 돌아보는 피드백이 있습니다. 이 두 가지는 종종 겹치기도 합니다. 조직 내에서는 피드백의 네 가지 방향성이 존재합니다.

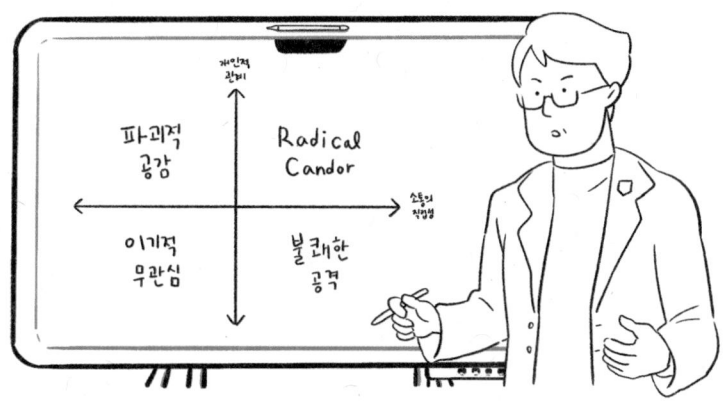

| 출처 | 킴 스콧, 〈실리콘밸리의 팀장들〉

    X축은 소통의 직접성을, Y축은 개인적 관계를 나타냅니다. 초기에 팀장이나 경영자가 구성원들과 소통할 때는 이기적 무관심의 단계일 수 있습니다. 이 시기에는 아직 관계가 형성되지 않고, 구성원들에게 변화 요구를 하지도 않습니다. 시간이 지남에 따라 관계가 형성됩니다. 서로 친해지기에는 여전히 직접적인 소통은 부족합니다. 여전히 "이런 부분은 좀 개선해줘"라고 요구하는 것이 쉽지 않습니다. 대립을 피하고 싶기 때문이죠. 예를 들어 시간 약속을 어겨도 이를 지적하면 관계가 깨질까 걱정되어 직접적으로 말하지 못합니다. 이것을 파괴적 공감이라고 부릅니다. 리더는 책임감을 가지고 구성원의 커리어와 전문성을 개발해 주어야 합니다. 관계가 깨질까 두려워 피하는 파괴적 공감은 책임 의식이 부족한 행동입니다.

    반대로, 개인적 관계를 쌓지 않고 직접적인 대립만 있는 경우도 있습니다. 이를 '불쾌한 공격'이라고 부릅니다. 예를 들어, "너 그런 식으로 하면 승진 못 해", "한 번만 더 오타내면 다 집어치운다", "비용 그렇게 쓰면 안 돼" 와 같이 지적만 하고, 개인적으로 관심을 주지 않는 경우입니다. 이로 인해 조직 내에서 신뢰를 잃게 되고, 결과적으로 조직의 실력이 떨어지며 그의 개인적 발전에도 도움이 되지 않습니다.

피드백, 근본적인 솔직함

그렇다면 피드백이란 무엇일까요? 우리는 피드백을 '래디컬 캔도어(Radical Candor)'라고 부릅니다. 이 용어는 실리콘밸리에서 사용되며, '급진적 솔직함'으로 번역되었습니다. 저는 '급진적'보다 '근본적'이라는 단어로 번역하고 싶습니다. '근본적 솔직함'은 매우 직설적이고 있는 그대로를 이야기하는 것을 의미합니다. '급진적'(progressive) 또는 '극단적'(extreme)이라고도 볼 수 있지만, 사실을 있는 그대로 말하는 것입니다.

유익한 피드백을 위해 주의할 점은?

그림을 보면, 팀장과 팀원이 마주 보고 있습니다. 이 상황에서 팀원이 '직원들 관리가 좀 어려워요.'라고 팀장에게 말합니다. 그러면 팀장은 팀원에게 네 가지 반응을 보입니다. 충고, 탐색, 해석, 판단입니다. 예를 들어, '직원들 관리하기 어려워? 네가 직원들에게 커피를 더 사줘 봤어?', '1대1 면담은 해봤어?', '실력을 키워줘야 해, 성과를 낼 수 있게 도와줘야 해.' 등과 같은 조언을 합니다. 이는 팀장이 자신의 경험과 지식에 근거해 조언을 주는 것입니다. 하지만 상대방이 '알겠습니다.'라고 말하며 바로 행동을 바꿀까요? 그렇지 않습니다. 오히려 '아니, 그게 아니고요.'라는 반응을 보일 때가 많습니다. 이것은 서로 마주 보는 대립적인 상황입니다. 공감이 없는 상황에서의 피드백이나 조언은 결코 도움이 되지 않는 것입니다.

반면, 이 그림을 한번 상상해 봅시다. 두 사람이 나란히 어깨동무하고 같은 방향을 보고 있습니다. 이때는 '근본적 솔직함'으로 함께하는 상황입니다. 팀원이 팀장에게 "요즘 직원들이 말을 안 들어요."라고 했을 때, 팀장은 "어떤 일이 있었어?"라고 물어봅니다. 팀원이 "제가 회의를 2시에 시작한다고 했는데, 세 명은 2시 30분에 들어오고, 두 명은 2시 40분에 들어왔어요."라고 답하면, 팀장은 "그랬구나, 뭐가 어려웠어?"라고 다시 물어봅니다. 이처럼 충고, 탐색, 해석, 판단을 내려놓고, 있는 그대로의 사실에 집중하는 것입니다. 팀원이 자신의 이야기를 하고, 리더는 질문을 던집니다. 이러한 과정을 통해 어깨동무, 즉 정서적 공감대가 형성됩니다. 상담학에서는 이를 '라포'라고 부르며, 함께하는 사람들 간의 정서적 유대감을 의미합니다. 충고, 탐색, 해석, 판단은 이 라포가 형성된 후에 이루어져야 효과적입니다. 피드백의 첫 번째 단계는 함께하는 것입니다. 어깨를 나란히 하는 것이죠.

있는 그대로의 사실을 피드백하라!

마주 보고 이야기하는 것이 아니라, 어깨동무하며 '어디로 갈지'를 함께 정하는 것입니다. 방향성이 잡히면 그때부터는 함께 논의할 수 있게 됩니다. 마치 골프 선수가 캐디와 어깨를 나란히 하고, 바람의 방향이나 땅의 언덕, 잔디의 높이에 대해 대화하는 것과 같은 모습입니다. 이러한 방식으로 피드백을 시작하도록 만드는 것입니다. 이런 구조가 갖추어지지 않은 상태에서는 아무리 많은 충고, 탐색, 해석, 판단도 도움이 되지 않습니다. 함께함이 없기 때문입니다. 꼭 기억하시길 바랍니다. 피드백이란 '있는 그대로의 사실을 말해 주는 것'입니다. 이를 '래디컬 캔도어(Radical Candor)'라고 부르고, 저는 '근본적 솔직함'이라고 표현하고 싶습니다. '있는 그대로의 사실'의 반대말은 '충고, 탐색, 해석, 판단'일 것입니다. 충고, 탐색, 해석, 판단에 앞서, 관찰된 사실을 있는 그대로 대화하는 것이 중요합니다."

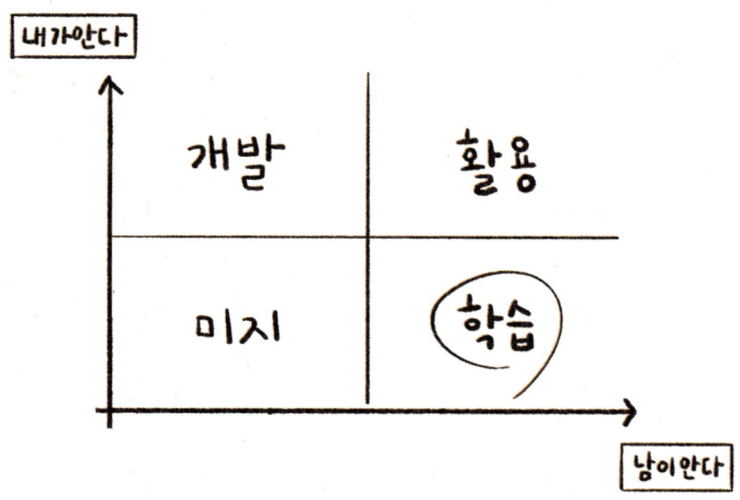

| 출처 | 조셉 러프트 & 해리 잉햄 〈조하리의 창〉

이 이야기는 유명한 '조하리의 창' 이론에서 제시된 바 있습니다. 이 이론은 '내가 아는 영역'과 '남이 아는 영역'의 축을 기반으로 합니다. 나도 알고 남도 아는 영역은 '활용'하면 됩니다. 그러나 내가 아는데 남이 모르는 영역이 있습니다. 이 부분은 좀 더 발휘하면 되는 '개발'의 영역이죠. 반면에, 남은 아는데 내가 모르는 영역도 있습니다. 이는 '학습'의 영역으로, 훈

련을 통해 발전시킬 수 있습니다. 마지막으로, 아무도 모르는 '미지'의 영역이 있습니다. 이 영역은 아직 어떤 가능성이 숨어 있을지 알 수 없습니다. "You raise me up to more than I can be"라는 표현처럼, "당신과 함께 일하면 내가 할 수 있다고 생각하는 것보다 그 이상의 무언가가 될 수 있다."라고 하는 것이 바로 지식 근로자의 학습과 성장입니다.

학습의 기회를 제공한다는 것은, 그가 잘 모르는 부분을 내가 관찰한 '있는 그대로의 사실'로 알려줌으로써 그의 성장을 일으킨다는 의미입니다. 예를 들어, 아침에 10분 늦었을 때, 보고서에 오타가 났을 때, 비효율적인 방법을 사용했을 때, 복수 견적을 요청했는데 단일 견적만 제출했을 때, 영업이나 협상 기술이 부족할 때, 신입사원을 가르칠 때 충분한 가르침을 제공하지 못했을 때 등이 해당합니다. 이런 상황에서 그의 실력이나 인격, 자질의 문제로 접근하는 것이 아니라, 행동 자체에 집중하는 것입니다. 예를 들어, "신입사원을 가르칠 때 이런 표현을 쓰던데, 이런 다른 표현을 써보면 더 좋을 거야."와 같이 행동에 대해 구체적인 피드백을 주는 것이죠. 이는 피터 드러커(Peter Drucker)가 말한 바와 같이, '지식 근로자의 학습을 위한 역사상 유일하고도 확실한 방법은 피드백이다'라는 개념에 기반을 둡니다. 피드백이란, '있는 그대로의 사실로 말하는 것'임을 기억하시기 바랍니다.

고객을 진심으로 사랑하는 사람이
결국 시장을 이끕니다.

샘 월튼(Sam Walton),
1992년 《Made in America》 회고록 중

| PART 5 - 2 |

잘 되는 회사의 비결: 다양하게 시도하고 잘 되는 것에 집중한다

잘 되는 회사는 다양하게 시도하고 잘 되는 것에 집중하는 것입니다. 여러분은 다양하게 시도하고, 잘 되는 것에 집중하시나요. 아니면 한 가지 일을 시도했다가 안 되면 멈추시나요? 그렇다면, 잘되는 회사는 어떻게 탄생할까요? '다양하게 시도하고 잘 되는 것에 집중한다'는 말 속에는 '안 되는 것도 있다'는 사실이 이미 내포되어 있습니다.

하이럼 스미스(Hyrum Smith)의 『성공하는 시간관리와 인생관리를 위한 10가지 자연법칙』 그리고 20세기 최고의 명서로 불리는 짐 콜린스(Jim Collins)의 『좋은 기업에서 위대한 기업으로』로 번역된, 『Good to Great』를 보면 비슷한 개념의 이야기가 나옵니다. 책에서는 본질에 집중하고 다양한 방법을 찾아야 한다고 말합니다. 고슴도치 휠을 이야기하며 본질은 세 가지 요소의 중간 지점에 있다고 말합니다. 핵심 가치, 핵심 역량 그리고 경제 엔진이 맞닿아 있는 지점이 바로 본질인 것입니다.

뷰카의 시대, 불확정적인 미래가 다가온다

짐 콜린스는 최근에 『플라이휠을 돌려라』라는 책을 통해서 『Good to Great』에서 이야기한 고슴도치 휠에 대해 다시 한번 강조했습니다. 플라이휠(flywheel), 본질에 집중해서 다양성을 확산하는 것입니다. 그러나 요즘은 불확정성이 확산한 시대가 되었습니다. 이른바 변동성(Volatility), 불확실성(Uncertainty), 복잡성(Complexity), 모호성(Ambiguity)의 앞 글 자를 따서 만든 '뷰카(VUCA) 시대'라고도 부릅니다. 초월성의 시대가 된 것입니다.

불확실성에 시대에서 어떻게 해야 할지 모르는 것입니다. 환경은 끊임없이 변화하고 기존에 맞다고 생각했던 것이 틀린 것으로 드러납니다. 고객이 요청한 대로 제품을 만들고 있지만, 다음 날에는 또 다른 것을 요구합니다. 어떻게 대처해야 할지 혼란스러운 것이죠. 전쟁이나 전염병 등 우리가 예상하지 못하는 일들이 일어납니다. 미중 분쟁이나 빠른 시대 변화와 같이 굉장히 다양한 형태로 변화가 일어나고 있습니다. 환율도 변했고, 유가가 어떻게 될지 아무도 예측하지 못합니다. 이자율 역시도 예상할 수 없습니다. 이것이 바로 불확정성을 이야기합니다.

그다음에 초월성의 시대입니다. 잘 되어도 왜 잘 됐는지는 모르는 것입니다. 배달의 민족의 김봉진 대표는 "우리 서비스가 1년 늦거나 1년 앞서 출시되었더라면, 지금과 같은 결과는 없었을 것입니다."라고 말했습니다. 즉, 현재의 성과를 예측할 수 없었다는 이야기입니다. 타다 서비스에 경우도 마찬가지입니다. 당근마켓도, 여러 기능 중 거래 기능이 이렇게 성공할 줄 몰랐다고 합니다. 토스 역시 처음에는 소액결제 서비스로 시작했지만, 나중에 증권이나 금융 분야로 확장될 줄은 예상하지 못했다고 합니다. 결과적으로, 잘된 이유를 돌이켜보면, 전략적인 관점에서 의도적으로 진출한 것이 아닌 경우도 있다는 것입니다.

플라이휠, 작게 시도하고 경험을 확산한다

플라이휠이란, 잘 되는 고객 경험을 만들어낸 후에 이를 기반으로 확산시키는 형태를 말합니다. 많은 기업이 처음에는 어떻게 될지 모른 채 시작하는 경우가 많습니다. 이런 플라이휠 전략이 지금의 비즈니스에서 매우 중요한 컨셉이 되었습니다. 작게 시도하고, 그 경험을 확산하는 것이 핵심입니다. 과거에는 이러한 형태가 아니었습니다. 유튜브도 초기에는 페이스북과 유사한 형태였습니다. 영상 중심으로 시도해보니 조회 수가 80%, 90% 나오게 되는 것입니다. 다른 요소를 제거하고 영상 콘텐츠에 집중한 것이죠. 페이스북도 역시 초기에는 채팅 중심의 플랫폼이었습니다. 당근마켓도 마찬가지입니다.

제조업에서도 사례를 찾아볼 수 있습니다. 유니클로는 전통적인 제조업입니다. 옷을 한 번 잘 만들어서 시즌에 대박을 터뜨릴 수 있지만, 반대로 잘못 만들면 큰 실패를 겪는 것이 패션 산업의 특성입니다. 유니클로는 이 문제를 어떻게 해결했을까요? 과거에는 초도 물량과 반응 생산의 비율이 7대 3이었습니다. 여름 시즌에 잘 팔릴 것이라 예측한 제품을 전체 예산의 70%

를 투입해 대량으로 생산한 것이죠. 지금은 초도 물량이 전체의 30%에 불과합니다. 예를 들어, 만 개를 생산할 계획이라면 처음에는 3,000개만 생산하는 것입니다. 나머지 7,000개는 반응 생산에 의존합니다. 즉, 시장의 반응이 좋으면 추가 생산에 예산을 투입하고, 반응이 좋지 않으면 발주하지 않는 것입니다.

건축에서도 마찬가지입니다. 과거의 건축은 기초부터 최상층까지 모두 맞춤형으로 진행되었습니다. 하지만 요즘은 조립형 건축이 주를 이루고 있습니다. 설계 단계에서 미리 만들어 놓은 자재들을 조립하는 방식으로 건축의 형태가 바뀌고 있습니다. 건축도 진행해 보고, 결과가 좋으면 그 모듈을 추가하거나 변경할 수 있는 방식으로 진행된다는 것입니다. 심지어 지하를 완성한 후에 위쪽 설계를 변경하는 경우도 있습니다. 이런 방식으로 건축에서도 반응형 건축을 만들어냅니다.

제과업체나 맥주업체들은 한정판을 만들어냅니다. 먼저 한정판을 만들어 작게 시도해 보는 것입니다. 예를 들어 3,000개를 먼저 만들고 반응을 살펴봅니다. 반응이 좋으면 그때부터 다시 논의하여 본 생산 여부를 결정합니다. 심지어, 팝업 스토어가 생기는 경우도 있습니다. 카페를 열 때, 혹은 새로운 지역에 진출할 때 팝업 스토어를 운영합니다. 한두 달 동안 운영해 보고 반응이 좋으면 본격적으로 시장에 진출하는 것입니다.

불확정성의 시대에 관리해야 할 2가지

과거와 달리 현재에 이런 방식이 필요한 이유는 무엇일까요? 바로 불확정성과 초월성의 시대이기 때문입니다. 미래를 예측하는 것이 불가능하고, 성공의 원리를 따지기 어려운 시대가 되었습니다. 그렇다면 두 가지를 잘 관리할 필요가 있습니다. 첫 번째는 시간의 시도, 두 번째는 돈의 시도입니다. 시간과 돈을 작게 시도해 보고, 잘 되는 것에 집중할 수 있도록 하는 구조가 매우 중요한 것입니다.

첫 번째로, 성과 관리에서 시간과 돈을 절약하는 방법은 무엇일까요? 과거에는 1년을 계획하고 중간에 피드백을 받아 결론을 내리는 방식이었습니다. 반면, OKR은 1년의 방향을 설정하되 이를 네 번의 분기로 나누어 새롭게 도전할 수 있는 구조를 제공합니다. 시간을 쪼개고 돈을 쪼개어 시도해 보고, 잘 되면 계속하고, 그렇지 않으면 바꾸는 방식입니다. 이것이 바로 성과 관리에 불확실성과 초월성이 적용되는 구조입니다.

제품을 만들 때도 동일합니다. 과거에는 워터폴, 즉 폭포수 방식이 사용되었습니다. 이는 기획, 준비, 디자인, 개발, 생산의 순서로 잘 예측하여 진행하는 방식이었습니다. 요즘은 애자일 방식이 적용됩니다. 애자일 방식은 기획, 개발, 디자인, 준비, 생산을 반복적으로 진행하는 방식이죠. 먼저 작은 단위로 돌려보고, 확신을 가지고 다시 한번 돌려보는 구조입니다. 이와 같은 방식으로 작게 시도하고, 고객으로부터 검증을 받고 점진적으로 나아가는 것입니다.

문제 해결 방식도 변화했습니다. 맥킨지(McKinsey) 방식은 7단계로 구성되어 있습니다. 문제의 발견, 원인의 진단, 대안의 도출, 테스트, 본 실험, 확산, 그리고 문화와 구조입니다. 이는 하나의 라인으로 이루어지는 전통적인 방식이죠. 반면, 우리나라에서는 디자인 띵킹으로 많이 알려진 스탠퍼드 대학(Stanford University)의 디캠프(d.camp) 방식이 있습니다. 이는 가장 먼저 문제에 공감합니다. 그리고 문제를 정의한 후, 아이디어를 도출합니다. 다음에는 프로토타입을 제작하고, 작게 시도해 본 후 검증합니다. 이후에는 다시 공감하는 과정이 반복됩니다. 디캠프의 문제 해결 방식은 맥킨지 방식에 비해 훨씬 빠릅니다. 맥킨지 방식이 일반적으로 6개월이 걸린다면, 디캠프 방식은 6일 만에 완료합니다. 즉, 짧은 시간 안에 빠르게 프로세스를 반복하여 문제를 해결하는 접근법입니다.

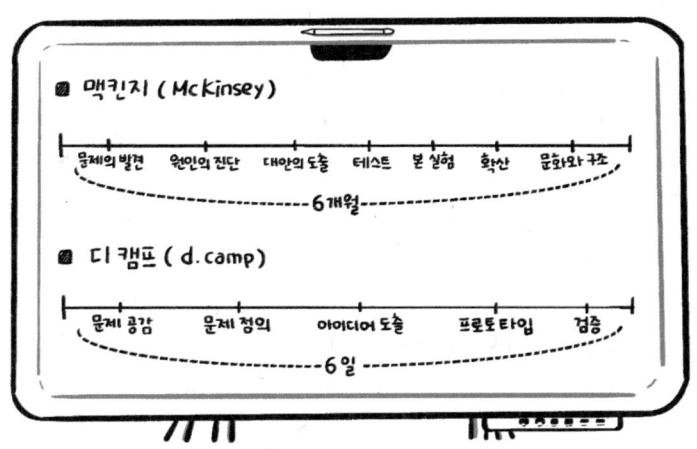

|출처| 오시마 사치요, 〈HOW TO 맥킨지 문제해결의 기술〉

다양하게 시도하고 잘되는 것에 집중해라!

과거 링컨은 이런 이야기를 합니다. "나에게 나무를 자르라고 10시간을 준다면, 어디를 자를 건지 준비하는 데에 7시간을 쓰겠다. 나머지 3시간 동안 실행하겠다."라고 말입니다. 계획의 중요성을 이야기하는 것, 중요합니다. 현재는 7시간 고민하는 동안에 나무가 달라져 있는 것입니다. 바뀌지 않는 나무라면 그렇게 해도 상관은 없죠. 지금은 기술이 변화하고 경쟁자가 빠르게 등장하며, 고객의 요청도 끊임없이 달라지는 시대입니다.

그렇기에 철저한 준비와 결론 도출 이후 실행하는 방식은 적합하지 않을 수 있습니다. 다양하게 시도하고, 잘 되는 것에 집중해야 합니다. 기업 내부의 조직 문화, 계획 프로그램, 제도, 상품, 고객과의 소통 등 여러 면에서 시간을 보내는 것도 중요합니다. 빠르게 고객의 반응을 받아보고 그에 따라 피봇팅(pivoting) 하는 것이 중요합니다. 이런 관점을 가지며, 다양하게 시도하고 잘 되는 것에 집중하는 영역들이 점점 더 늘어나기를 바랍니다.

창업가 정신은 세상을 향한 사랑의 표현이기도 합니다.
세상을 더 낫게 만들고자 하는 열망이니까요.

일론 머스크(Elon Musk),
2013년 테슬라 주주총회 연설 중

| PART 5 - 3 |

10년 된 회사, 10년의 지식이 있는가?

10년 된 회사는 10년의 지식을 가지고 있을까요? 3년 된 회사는 3년의 지식을 가지고 있을까요? "2 더하기 2는 4이다"라는 지식은 매우 중요합니다. 현장에서 이를 적용하기는 쉽지 않습니다. 따라서 지식에 대한 새로운 정의를 내려보겠습니다. 지식에서는 재생산과 확산이 기본적인 규정성입니다. 지식경영은 재생산과 확산 가능한 노하우와 성과라고 정의합니다.

과거 농경 사회에서는 아버지가, 할아버지가 하던 대로 따르는 것이 농업 생산성에 매우 중요했습니다. 지금은 어떤 농업 경영인도 아버지의 방식을 그대로 따르겠다고 하지 않습니다. 그 이유는 우리가 지식 시대를 살고 있기 때문입니다. 이제 아버지의 30년 경력을 배우기 위해 30년을 일하지 않아도 됩니다. 지식경영을 통해서 알 수 있는 것입니다. 우리는 웹 경영의 시대를 살고 있습니다.

웹 3.0 경영 시대가 왔다

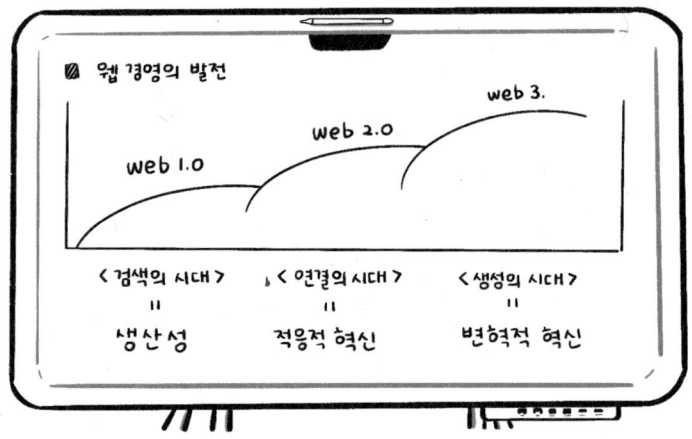

웹 1.0 시대에 우리는 검색으로 지식을 얻었습니다. 이후, AltaVista, Google 등을 통해 정보를 검색함으로써 생산성이 향상했습니다. 더 이상 어떤 비료를 뿌려야 할지 아버지에게 물어볼 필요가 없습니다. 1년 차의 경험을 가진 사람도 비료의 종류를 알 수 있는 시대가 되었습니다. 이것이 웹 1.0 시대의 특징입니다.

웹 2.0 시대는 검색의 시대를 넘어서 연결의 시대가 되었습니다. 과거에는 누군가가 저장해 놓은 데이터를 웹에서 검색하는 방식이었습니다. 지금은 바로 연결되어 질문을 통해 정보를 얻을 수 있습니다. 어떤 비료를 뿌려야 할지, 무엇을 팔아야 할지 등을 질문합니다. 그러면 그 질문에 대해 다양한 답변이 제공됩니다. 이미지나 텍스트, 영상 등을 통해 상호 연결된 방대한 양의 지식과 데이터를 실시간으로 확인하고 검색할 수 있게 된 것입니다. 결과적으로 생산성의 시대를 넘어서 적응적 혁신의 시대에 접어든 것입니다. 이제 세상에 존재하는 데이터를 개인 맞춤형으로 볼 수 있는 시대입니다. 즉 지식인의 시대와 위키백과의 시대가 된 것입니다.

이후 현재 우리는 웹 3.0 시대에 접어들었습니다. 웹 3.0의 시대는 생성의 시대입니다. 기존의 웹사이트는 인간이 입력해 놓은 데이터만을 제공했습니다. 이제는 딥러닝을 통해 자연어 처리 모델, 이미지 처리 모델, 영상 처리 모델 등이 입력된 데이터를 바탕으로 새롭게 정보를 생성합니다. 즉, 인간이 직접 입력하지 않은 정보도 AI가 작동하여 새로운 것을 만들어냅니다. 세상에 존재하는 우산 이미지를 모두 입력하면, 그에 기반하여 세상에 존재하지 않는 새로운 우산을 생성해 줍니다. 이솝 우화 1,000개와 다양한 소설을 AI에 입력하면, 세상에 존재하지 않는 새로운 소설과 동화를 만들어내는 것입니다. 적응적 혁신을 넘어 변혁적 혁신이라고 할 수 있습니다. 변혁이라는 단어는 기존의 것을 파괴한다는 의미에서 '파괴적 혁신'이라는 표현으로도 사용됩니다. 챗GPT, 마이크로소프트의 빙, 구글의 바드와 같이, 무엇인가 계속해서 새롭게 만들어내는 시대를 살아가고 있습니다. 이것이 이미 지식 서비스업으로 등장했습니다. 웹상에서 이미 많은 사람이 이용하고 있습니다.

혁신으로 일하는 지식경영

이제 생산성은 단순히 검색을 통해 정보를 확인하는 시대를 넘어, 실시간으로 연결되어 혁신이 일어나는 시대를 지나, 생성 AI가 새롭게 창조해 내는 시대에 접어들었습니다. 우리 회사의 일하는 방식은 어떠한가요? 예를 들어, 회사에 입사하여 물류창고를 담당하게 되었다고 가정해 보겠습니다. 물류창고가 2만 평이라면, 그곳에 있는 물건들을 파악하려면 대략 2년이 걸릴 수 있습니다. 하지만 이렇게 오래 기다릴 수는 없습니다. 첫날부터 어디에 어떤 물건이 있는지 알아야 하기 때문이죠. 이를 해결하기 위해 물류창고 분야에서는 엄청난 혁신이 이루어지고 있습니다.

첫 번째 단계 : 지식토크 나누기

첫 번째 단계는 지식의 발굴과 공유가 일어나는 단계입니다. 이 단계에서는 지식 토크가 필수적입니다. 지식 토크는 가인지 캠퍼스에서 지식 경영을 도입할 때 컨설턴트가 현장에서 아주 초기에 수행하는 작업 중 하나입니다. 지식 토크는 지식 카드를 사용하는 방식으로 진행됩니다. 지식 카드란 무엇일까요? 첫 번째는 G(goal), 얻고자 한 것, 목표한 것이 무엇인지 작성합니다. 두 번째는 R(result)는 얻은 게 무엇인가를 기록합니다. 그리고 세 번째, 나누고 싶은 지식 K(knowledge)을 작성하는 것입니다.

예를 들어, 부산으로 출장을 가서 영업을 잘하고 싶은 마음이 있습니다. 이때 목표는 전시회에서 MOU 두 개를 체결하는 것이었다고 합시다. 그런데 결과적으로 두 개가 아닌 네 개를 체결했습니다. 그러면 나누고 싶은 지식이 생깁니다. 어떻게 성공했는지 공유하는 단계입니다. 사전에 거래처들과 연락을 해서 좋은 결과를 얻었거나, 특정 방법이나 도구를 사용해서 성과를 냈다면, 이러한 지식을 나누는 것입니다. 혹은 영상을 활용하거나 카톡을 이용한 방법이 성공의 비결이었다면, 이와 같은 지식을 공유하는 것입니다. 조직 내에서 지식이 발굴되고 공유될 수 있도록, 지식 카드를 작성합니다. 부서 내에서 실행해도 좋고, 좀 발전했다면 조직 전체의 구성원 간에 지식을 나눌 수도 있습니다. 이것이 1단계입니다. 이는 K1.0(knowledge), 지식경영 1.0단계입니다.

이후 다음 단계로 넘어갑니다.

두 번째 단계 : 지식뱅크 구축

두 번째, 발굴하고 공유하는 것을 뛰어넘어, 학습의 시대로 발전해야 합니다. 경험 학습이 중요합니다. 지식 토크는 실시간으로만 가능하며, 이를 통해 정보를 공유하려면 직접 만나야 합니다. 많은 조직이 같은 부서에서도 서로의 노하우를 공유하지 않거나 특정 부서에서만 정보를 독점적으로 보유하는 경우가 많습니다. 그렇기에 지식경영 2.0으로 발전해야 합니다. 이때는 지식뱅크를 만드는 것이 핵심입니다. 지식뱅크를 구축하여, 시간이 지나면서 축적된 지식을 저장하는 것입니다. 직원이 퇴사하더라도 새로운 입사자가 동일한 지식을 다시 배우지 않아도 되는 것이죠. 즉, 사내에 지식이 쌓여 있어야 합니다. 영업부, 구매부, 생산부, 물류부 등 각 부서별로 탭을 만들어 놓고, 영상 자료, 데이터 자료, 이미지 자료를 업로드할 수 있도록 합니다. 만약 이 방식이 어려운 경우, 네이버 카페를 만들어서 활용하거나, 사내 ERP 게시판을 통해 진행할 수 있습니다. 이것이 바로 지식의 학습입니다.

즉, 적응적 혁신이 일어나게 해주는 겁니다. 예를 들어, 건설 회사에 입사했는데 지식 뱅크를 구축하지 않은 기업은 사내에 지식 자원이 부족합니다. 반면, 지식뱅크가 있는 기업은 축적된 지식을 통해 10년 동안의 건축 데이터를 참고할 수 있습니다. 텍스트, 이미지, 영상 자료가 포함된 것이죠. 어떤 작업을 어떻게 진행했는지에 대한 정보를 쉽게 확인할 수 있습니다. 이것이 바로 지식뱅크 작업입니다.

세 번째 단계 : 지식리스트 관리

다음 단계는 지식경영 3.0의 시대입니다. 이 단계에서는 지식 리스트를 관리합니다. 지식을 학습의 단계를 넘어 혁신 도구로 활용하는 방식입니다. 예를 들어, 개발부에서는 개발해야 할 우선순위에 따라 지식 제목을 작성합니다. 나노 기술 개발, 실증 기술 개발, 품질 기술 목표 등에 대한 목표를 작성합니다. 그리고 확보해야 할 지식 리스트를 작성하고, 이를 기반으로 확보 여부를 점검하며 진행하는 것입니다. 이것이 지식 경영을 혁신 도구로 활용하는 방식입니다.

지식경영 3.0단계를 향해

회사가 10년 되었지만, 지식 축적의 경우에는 구성원들이 일하면서 잘된 사례를 공유하는 것에 그칩니다. 조금 발전하면, 지식뱅크를 만들어 사내에서 학습과 전수가 이루어지도록 합니다. 다음에는 실력 있는 부서나 팀장들이 확보 지식 제목을 리스트업 합니다. 한 달, 1주일, 혹은 분기별로 확보해야 할 지식 리스트를 관리하여 혁신 도구로 활용합니다. 세 가지 키워드가 중요합니다.

첫 번째, 초기 단계에서는 지식 카드를 활용한 지식 토크로 시작합니다. 어느 정도 노하우가 공유되었다면, 지식 뱅크를 만들어 활용합니다. 현재는 3.0 시대를 살고 있기 때문에 두 단계를 함께 시작해도 상관없습니다. 공유가 먼저 이루어져야 지식 뱅크가 활성화될 수 있습니다. 마지막으로, 3단계에서는 회사가 혁신하기 위해 각 부서별로 필요한 지식 리스트를 작성합니다. 이를 꾸준히 발전시켜 나가는 것이 중요합니다. 성과 목표를 뛰어넘어 학습 목표와 지식 제목을 관리하는 것입니다. 이번 달에 10억 매출을 내는 것보다도 10억 매출을 달성할 수 있는 실력을 갖추는 것이 더 중요한 것입니다. 10년 된 회사, 10년 된 지식이 있습니까? 지식경영 1.0, 2.0, 3.0을 웹 1.0, 2.0, 3.0의 시대와 견주어 보았습니다. 여러분이 현재 어느 단계에 있는지 잘 파악하시기를 바랍니다. 시작할 수 있는 것부터 바로 시작해 보시기를 바랍니다.

성공적인 기업은 고객이 아니라,
사랑을 만드는 곳이라고 믿습니다.

토니 시에(Tony Hsieh, 전 Zappos CEO),
2010년 《Delivering Happiness》 출간 당시

| PART 5-4 |

선택과 집중이 필요하다!

결과물을 결정하는 병목이론

병목 현상을 코카콜라 병으로 설명해보겠습니다. 코카콜라 병을 보면 위에 뚜껑이 있고, 뚜껑을 따면 병 안의 콜라가 흘러나와야 합니다. 코카콜라의 흐름을 결정하는 것은 병의 몸통이나 아랫부분이 아닙니다. 병의 상단 부분, 즉 병목(bottleneck)이 결정하게 되죠. 병목 이론은 통상 우리가 쉽게 쓰는 표현입니다. 원래는 제약 이론(Theory of Constraints)이라고 부릅니다. 'TOC(Theory of Constraints)'라는 표현을 쓰기도 합니다. 골드렛(Eliyahu Goldratt) 박사가 그의 저서 『The Goal』에서 소개한 내용입니다.

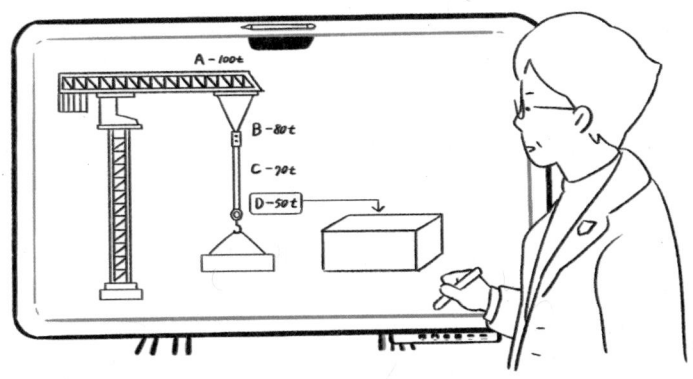

|출처| 엘리 골드,〈The Goal〉

퀴즈를 하나 내보겠습니다. 이 크레인에서 물건을 들어서 뒤쪽 선반 위에 올려야 한다고 가정해 보겠습니다. 이 크레인의 생산량을 결정하는 것은 무엇일까요? 그 전에 크레인의 각 부분을 살펴보겠습니다. 크레인의 어깨인 A 구간은 100톤을 실어 올릴 수 있습니다. 도르래 B 구간은 80톤을 올릴 수 있습니다. 그리고 도르래의 체인 부분 C는 70톤을 들어 올릴 수 있습니다. 마지막으로, 아래의 고리 부분 D는 50톤을 들어 올릴 수 있다고 해봅시다. 그렇다면, 이 크레인이 선반 위에 올릴 수 있는 철근의 총량은 한 번에 몇 톤일까요? 정답은 바로 50톤입니다. D 고리의 용량에 의해 50톤만 선반 위로 올릴 수 있게 되는 것입니다. 이때, 도르래의 D 구간이 제약, 즉 병목이 되는 것입니다. D 구간 능력을 향상시키지 않은 채, 크레인의 어깨, A 부분을 200톤, 300톤, 400톤으로 올려봤자 전체 생산량에는 아무런 차이가 없다는 이야기입니다.

두 번째 퀴즈입니다. 이 물통의 총량을 결정하는 널빤지는 몇 번일까요? 직관적으로 보면, 물통의 높이는 원래는 A와 G를 잇는 정도로 채워져야 합니다. 그러나 널빤지가 깨져 부족한 부분이 있습니다. 그럼, 정답은 당연히 D가 됩니다. 물통에 물이 차다가 널빤지 D 지점까지 오면, 그 이후부터는 물이 넘쳐버리게 됩니다. 더 이상 감당이 안 되는 것입니다. D가 버틸 수 있는 물의 총량만큼만 전체의 생산성이 결정되는 것입니다. 그래서 이 물통의 총량을 결정하는 것은 D죠. 문제는 비즈니스를 진행할 때, 회사의 프로세스에서 무엇이 높은 생산성이고 무엇이 낮은 생산성인지를 파악하기 어려운 경우가 많다는 것입니다.

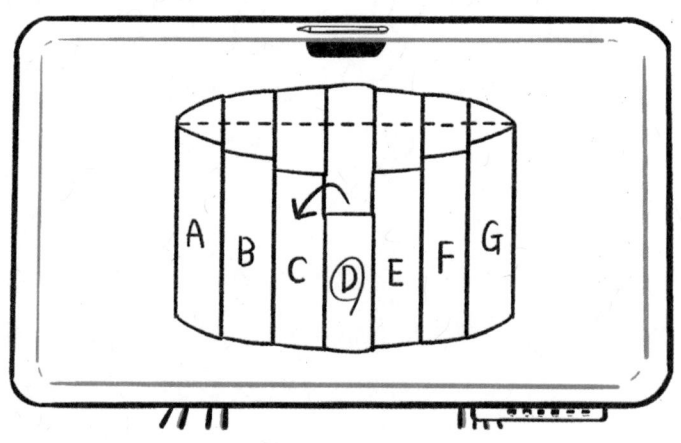

세 번째 퀴즈입니다. 네 명이 줄지어 열심히 달립니다. A는 시간당 20km를 달릴 수 있고, B는 시간당 10km를 달릴 수 있습니다. C는 시간당

15km를 달릴 수 있고, D는 시간당 25km로 달릴 수 있습니다. 이 행군의 전체 속도를 결정하는 것은 누구일까요? 바로 B가 결정합니다. B를 자세히 살펴보면, 등에 짐을 지고 있습니다. B가 시간당 10km로만 달릴 수밖에 없기에 앞쪽에서 20km로 달리던 맨 뒤에 있는 친구가 25km로 달릴 수 있는 능력이 있던 별로 중요하지 않게 되는 것입니다. 이와 같은 원리로, 전체 행군의 속도는 가장 병목이 되는, 즉 가장 낮은 생산성을 가진 B가 결정하게 됩니다. 이러한 현상을 보고 "병목을 발견한다"라고 표현합니다.

업무를 할 때, 속도뿐만 아니라 생산량도 가장 낮은 캐파(capacity)*를 갖춘 영역이나 프로세스에 의해 결정됩니다. 생산성은 투입 대비 산출이기 때문에 캐파가 가장 낮은 부분이 전체 생산량을 결정합니다. 어떤 일을 하든 시스템 전체를 보면 시스템 안에 병목이 존재하며, 이 병목의 크기만큼 결과물의 아웃풋이 결정됩니다. 이것이 골드렛(Eliyahu Goldratt)박사가 이야기한 '제약이론' 혹은 '병목 이론'입니다.

---

* Capacity: 생산 능력, 수용력

병목 발견과 해결의 5단계

병목 이론에는 5단계 프로세스가 있습니다.

1) 병목 발견

기본적으로 어떤 일을 진행할 때, 병목이 무엇인지 발견하는 것이 가장 우선입니다. 전체의 시스템이 가지고 있는 생산성에 가장 결정적인 (critical) 요소가 무엇인지, 핵심 병목을 발견하는 것입니다.

2) 비병목 방치

두 번째 단계는 병목이 아닌 요소를 방치하는 것입니다. 예를 들어, 서울에서 부산까지 가는 경부고속도로가 있습니다. 왕복 16차선으로 되어있다고 가정합시다. 그러나 천안 구간에서는 몇몇 구간이 왕복 4차선밖에 되지 않습니다. 그렇다면 서울에서 부산까지 가는 자동차의 총량은 천안 구간에서 결정됩니다. 나머지 구간들이 16차선, 24차선, 36차선으로 넓혀진다고 하더라도 의미가 없습니다. 따라서 병목이 아닌 다른 구간의 생산성을 높이려는 노력은 하지 않는 것입니다.

3) 병목의 생산성 극대화에 집중 – 제거

세 번째는 병목의 생산성, 즉 낮은 생산성을 극대화하는 것에 집중하는 것입니다. 예를 들어, 시스템을 운영할 때 다음과 같은 과정이 있다고 가정해 봅시다. 물건을 구매하여 물류 창고에 저장하고, 물류 창고에서 생산한 후, 생산된 제품을 완제품 창고로 이동시킵니다. 마지막으로 완제품 창고에서 고객에게 배송합니다. 만약 자재 창고의 캐파가 100톤이라고 합시다. 완제품의 창고의 캐파는 120톤입니다. 그러면 완제품 창고의 처리 능력을 120톤에서 더 늘려도 의미가 없습니다. 그러므로, 자재 창고의 100톤을 150톤, 200톤으로 늘리는 데 집중해야 합니다. 그러면 그다음 캐파를 늘릴 병목이 완제품 창고가 되는 것입니다.

4) 병목에 비병목 요소 종속

문제는 병목을 발견하는 것이 쉽지 않다는 것입니다. 눈에 보이는 공간에서는 병목을 쉽게 찾을 수 있습니다. 그러나, 디자인하거나 마케팅을 진행하고, 품질을 생산하는 등의 작업을 할 때에는 실제로 캐파가 있어도 눈에 띄지 않을 수 있다는 것입니다. 가장 먼저 병목을 정확히 파악한 후에 비병목 요소를 방치하거나 전략적으로 포기하는 것이 필요합니다. 그 후에는 병목의 생산성을 극대화하려는 노력을 기울여야 합니다. 병목이 제거되고 시스템 전체에서 그 작업이 필요 없다고 판단되는 상황이 가장 이상적입니다. 널빤지 하나를 제거해도 문제가 없다면, 그다음 널빤지 높이만큼은 해결되는 것입니다. 도로의 일부를 제거해도 시스템 운영에 지장이 없다면, 다행인 상황인 것입니다. 이렇게 병목에 비병목 요소를 종속시키고 다시 새로운 병목으로 이동하는 것입니다.

5) 다시 1번으로!

이렇듯 무한하게 병목을 발견하고 개선하는 과정이 골드렛(Eliyahu

Goldratt) 박사가 제시한 제약 이론인 것입니다. 핵심은 3번째 단계입니다. 병목을 발견했다고 발견한 것 자체만으로 문제가 해결되는 것은 아닙니다. 발견된 병목을 제거하거나, 복제할 수도 있고 또는 병목 자체를 분할하여 프로세스를 나누고 역할을 분담할 수도 있습니다. 혹은 추가 자본을 투입하여 병목을 개선할 수도 있습니다. 때로는 새로운 지식을 도입하거나 프로세스를 변경할 수도 있습니다. 그렇게 다음 문제를 마주하게 되는 것입니다.

선택과 집중을 잘하는 조직은 다르다

병목 이론을 제대로 이해하고 적용하는 사람은 헛돈을 쓰지 않고 회사의 생산성을 올릴 수 있습니다. 반면, 병목 이론을 모르면 불필요한 투자를 하거나 잘못된 결정을 내리게 됩니다. 예를 들어, ERPC 시스템을 도입할 때가 아닌데 먼저 도입하는 경우, 현재는 실무자의 업무 근육이 더 중요한데, 팀장들만 많이 임명하는 경우가 있습니다. 이런 경우, 회사에는 비병목 요소만 늘어나게 되는 것입니다. 실무는 훌륭하지만 리더십이 부족한 경우, 리더십이 병목 요소가 될 수 있습니다. 이때는 팀장을 세우는 것이 중요합니다.

어떤 조직이나 업무 프로세스에 있어 회사의 생산성을 극대화하려면 병목 이론의 개념으로 조직을 운영해야 합니다. 그렇게 하면 과잉 투자를 하지 않아도 되는 것입니다. 천안 구간이 막혀 있는 상황에서 대구 구간을 넓혀봐야 생산성 향상에 도움이 되지 않는 것처럼 말입니다. 오히려 자원을 아껴놓는 것이 더 효과적일 수 있습니다. 병목 이론은 본래 물류적 관점에서 출발했습니다. DBR(드럼, 버퍼, 로프)이라는 개념에서 시작되었죠. 그러나 현재는 하나의 문화로 확산되었습니다. 조직 내에서 가치사슬의 연결점, 고객 프로세스, 물류 프로세스, 조직 운영 프로세스, 리더십 시스템 등 다양한 관점으로 확장되어 해석되고 있습니다.

이렇게 병목 이론의 기초적인 개념에 대해 다루었습니다. 먼저, 조직의 생산성을 결정하는 여러 프로세스 중에서 가장 제약이 되는 요소를 발견하는 것이 중요합니다. 그 요소에 맞춰 나머지 요소는 전략적으로 포기하고, 병목의 생산성을 극대화하기 위한 조치를 취합니다. 병목이 개선되었다면, 새로운 병목을 발견하여 다시 생산성을 높여 나가는 방향입니다. 경영 자원에 집중하는 것입니다. 이러한 관점으로 조직을 운영하기를 바랍니다.

BUSINESS Is <u>LOVE</u>

우리가 하는 모든 일에
'사랑'이라는 가치를 심어보세요.
그 기업은 반드시 특별해질 것입니다.

오프라 윈프리(Oprah Winfrey),
2013년 하버드 대학교 졸업식 연설 중

| PART 5 - 5 |

10배의 효과를 내는
'이 시기'를 잡아라!

　산업이나 사업, 전략, 마케팅, 그리고 교육 분야에 있어 특정한 시기에 10배의 효과를 내는 포인트가 있습니다. 예를 들어, 시계 산업을 살펴보겠습니다. 시계 산업의 초기 단계는 정밀 산업이었습니다. 시계는 톱니바퀴를 아주 정밀하게 가공하는 사업이었죠. 이 분야는 스위스가 주도권을 잡고 있었습니다. 그러나 정밀 산업이 대량 생산 시스템으로 이동하면서 상황이 변했습니다. 그로 인해 스위스가 아닌 일본이 전 세계 시계 산업을 지배하게 되었습니다. 일본의 시계 산업이 엄청났을 때가 있었습니다. 양산 산업이었죠. 그러나 시계 산업은 양산 산업에서 점차 패션 산업으로 이동합니다. 그러면서 일본의 주도권이 감소하게 됩니다.

시계는 더 이상 양산 대량 생산의 기계 장치가 아니었습니다. 패션 산업으로 변화하게 된 것입니다. 이때 프랑스가 등장하며 주도권을 잡게 됩니다. 지금 시계 산업을 주도하는 것은 프랑스가 아닙니다. 지금의 시계는 웨어러블(wearable), 스마트 웨어러블 산업으로 변화했습니다. 따라서, 미국이 그 주도권을 가지고 있는 것입니다. 시계 산업과 같이 특정 산업의 발전이 수렴되는 포인트가 있음을 보여줍니다.

이 시기를 이겨내지 못하면 주도권이 이동한다

앞서 국가로 표현한 바와 같이, 각 시기별로 적절하게 전략적인 변곡점을 이겨내지 않으면 산업 자체의 주도권이 다른 기업으로 이동할 수 있습니다. 예를 들어, 영화 산업을 보겠습니다. 초기에 영화는 제작자 중심의 산업이었습니다. 할리우드를 중심으로 전 세계 영화 산업을 주도했죠. 콘텐츠가 있어도 그것을 제작할 수 있는 능력을 갖춘 회사가 없었습니다. 그렇기에 거대 자본과 인력이 있는 할리우드 제작자 중심으로 영화 산업이 움직인 것입니다. 그러던 중 디즈니가 등장하면서 영화 산업은 엔터테인먼트 산업으로 변화했습니다. 이를 기획사가 주도하는 시장으로 이동했습니다.

우리나라도 마찬가지입니다. 우리나라도 콘텐츠를 제작할 때 제작사가 있었지만, 지금은 제작사 위에 기획사가 있습니다. 소규모 기획사가 큰 제작사를 이끄는 상황입니다. 현재는 이 엔터테인먼트 산업이 OTT(Over

The Top), 인터넷 중심의 플랫폼 산업으로 이동했습니다. 미국에서도 넷플릭스가 블록버스터를 이긴 지 오래되었습니다. 이 특정 시점에 주목할 필요가 있습니다. 이 특정 시점, 영화 제작사에서 기획사로, 기획사에서 플랫폼으로의 전환하는 이 시점이 바로 전략적 변곡점입니다. 사업의 속성이 바뀌고 새로운 기회로 이동해가는 시점입니다. 이익률을 기준으로 성장률이 급격히 둔화하고 산업에서 치열한 가격 전쟁으로 들어가는 시점인 것입니다.

10배의 효과를 내는 전략적 변곡점

사실, 이런 전략적 변곡점에 대한 논의는 인텔의 공동 창립자인 앤디 그루브(Andy Grove)가 이미 20여 년 전에 『Only the Paranoid Survive』에서 제기한 바 있습니다. 어떤 산업이든지 간에 "산업의 곡선이라고 하는 것은 절정기를 맞이해서 쇠퇴기를 걷는다"라고 말입니다. 어떤 산업이든지 이 시점이 오는 시기가 있다는 것입니다. 이때, 전략적 변곡점에서 새로운 성장으로 나아가느냐, 아니면 비즈니스가 퇴보하느냐 하는 것이 핵심입니다. 텐엑스(10x) 포인트가 바로 10배의 효과가 나는 전략적 변곡점인 것입니다.

혁신의 기회를 놓치지 마라

전략적 변곡점(Strategic Inflection Point)이라는 개념을 제시한 앤디 그루브는 이 시점을 혁신의 기회로 삼아야 한다고 강조했습니다. 전략적 변곡점에서 혁신을 이루면 비즈니스의 주도권을 쥘 수 있지만, 이를 놓치면 경쟁에서 밀려날 수밖에 없습니다. 전략적 변곡점은 시간이 흐를 때마다 차이가 생깁니다. 시간이 지날수록 변화해야 하는 갭(Gap)이 커집니다. 그래서 시간이 지날수록 변화가 점점 더 어려워집니다. 결국, 적정 시점을 지나면 내부적 혁신이 불가능할 정도로 에너지가 폭증하게 됩니다.

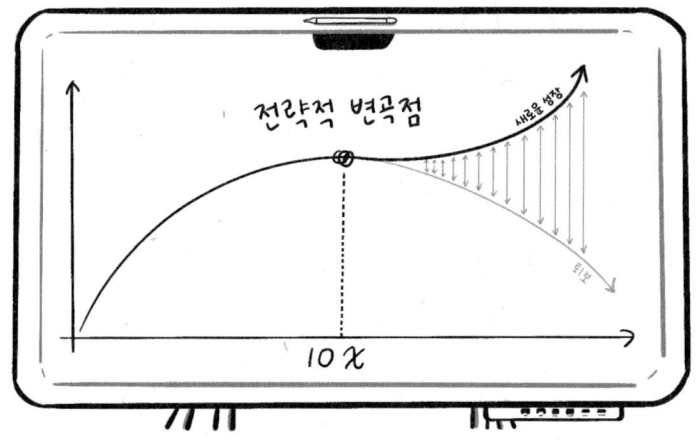

| 출처 | 머다드 바가이, 〈맥킨지 성장의 묘약〉

이런 앤디 그루브의 통찰은 나중에 맥킨지 컴퍼니(McKinsey)의 『성장의 묘약』에서 재 인용됩니다. 성장의 묘약에서는 '수렴되는 지점'이라는 개념으로 전략적 변곡점을 설명합니다. 이 개념은 이후 구글의 7대 2대 1의 법칙으로 적용되기도 했습니다. 구글은 현재 사업에 70%, 신사업에 20%,

미래 사업에 10%를 투자하여 전략적 변곡점을 극복하고 지속적으로 혁신을 이루려 합니다. 이러한 방식은 산업, 마케팅, 조직 문화, 교육 등 모든 분야에 적용될 수 있습니다. 현재 진행 중인 산업이 수렴 단계에 접어들기 전에 다음 단계의 준비를 하는 것입니다.

| 출처 | 구글(Google), 〈70-20-10법칙〉

개인적으로 주임 대리 시절, 인사 팀장으로 근무하면서, 전략적 변곡점에 대해 공부하게 되었습니다. 고민하기 시작했죠. "내가 맡은 직원 교육에 있어서 텐 엑스 포인트는 무엇일까?" 그 답은 너무나도 명백하게 입사 첫날이었습니다. 또 승진 시점을 전후로 한 달, 직무 이동 전후로 한 달 정도가 포인트였습니다. 그래서 한 달 포인트에 집중하고 그 지점에서의 교육을 강조했습니다. 나머지 교육은 선택과 포기로 접근했습니다. 이는 상도 받을 만큼 효과적인 지식이었습니다.

NEXT 질문으로 기업을 성공시켜라!

두 가지 질문입니다. 첫 번째, "나의 다음은 무엇인가?" 어떻게 방향성을 설정할 것인가를 생각해 보는 겁니다. 현재 하는 사업 말고 다음 사업의 방향성을 고민해 보시기 바랍니다. 그리고 두 번째, "현재 하는 사업에서 나의 다음을 단단하게 해 줄 수 있는 것은 무엇인가?" 나의 다음을 단단하게 해줄 요소는 무엇인지 생각해 보는 것입니다. 이 두 가지 질문을 던지면서 현재의 산업과 사업을 재조명해 보시기 바랍니다. 또한, 나의 경쟁자와 고객이 어디로 이동하고 있는지 주의 깊게 살펴보며 나아가시기를 바랍니다.

BUSINESS Is <u>LOVE</u>

↪

| 6부 |

성장

사람은 성과를 통해
성장한다

고객을 사랑하되, 자신이 하는 일도 함께 사랑하십시오.
그것이 진정한 기업가의 자세입니다.

빌 게이츠(Bill Gates),
1996년 《Business @ the Speed of Thought》 초안 인터뷰 중

| PART 6 - 1 |

성장의 한계가 느껴질 땐 스스로에게 질문을 던져라

경영자를 자주 만나 이야기를 나눕니다. 컨설팅 회사여서 많은 경영자들이 저에게 고민을 털어놓거나, 경영의 어려움을 토로하죠. 최근에 한 경영자를 만났습니다. 직원이 40명 정도 되는 콘텐츠 미디어 제작 회사의 대표였습니다. 인플루언서와 연예인들과 협업하며 빠르게 성장한 회사였지만, 최근 들어 예상치 못한 어려움을 겪고 있었습니다. 숏폼 콘텐츠 시장에 수많은 경쟁자들이 진입하면서 콘텐츠 단가는 빠르게 떨어졌고, 함께하던 인플루언서들도 하나둘 경쟁사로 떠나기 시작했습니다. 어도어와 하이브 같은 대기업에서도 일어났던 일을 겪은거죠.

이러한 상황으로 경영자에게 우울증이 찾아왔습니다. 약도 먹고, 모든 연락을 끊은 채 3박 4일정도 휴식하고 돌아왔더니 회사는 오히려 자신이 없을 때 더 잘 돌아가고 있었다고 합니다. 임원들과 이야기를 나누면서 그는 문득 자신이 더 이상 필요하지 않은 존재 같다는 생각마저 든거죠. 그래서 저를 찾아왔습니다. "회사가 성장하고 있는 것 같기는 한데 저랑 상관없이 성장하고 있습니다. 이게 좋을 줄 알았는데 아니더라구요. 제가 경영에 맞는 스타일이 아닌가? 회사에서 떠나야 되는 게 아닌가? 이런 생각이 듭니다. 김경민 대표님은 어떻게 하셨어요?" 라고 말입니다.

또다른 회사 경영자분이 찾아왔습니다. 그 회사는 직원이 한 30명 정도 되었었는데, 2023년 말에 위기가 한 번 찾아왔습니다. 연구개발실장이 8명 정도의 직원과 함께 퇴사한거죠. 퇴사하고선 창업을 했다고 합니다. 그 대표는 이렇게 말했습니다. "직원을 많이 키우고 싶지 않습니다. 5명일 때가 제일 행복했습니다. 지금은 10명 정도인데 5명 정도는 없어도 될 것 같습니다. 조직을 크게 키울 만한 사람이 아닌 것 같습니다" 라고 말했습니다.

사업을 하다 보면 '내 사이즈가 어느 정도일까 어느 정도 성장할 수 있을까'라는 관점을 가지게 됩니다. 실제로 경영을 하다 보면 성장에 한계가 왔다고 느껴질 때가 있습니다. '내 그릇은 여기까지인가? 내가 스티브 잡스는 아니잖아, 젠슨 황은 아니잖아' 와 같이 말이죠. 이런 상황을 맞닥뜨리면 점점 그 생각을 굳히기에 들어가기 시작합니다. 더 나아가 '요 정도에서 나 먹고 살만큼 된다' 라고 생각하고 성장하기를 멈추기 시작하면 그때부터는 굳혀지지가 않죠. 오히려 퇴보하기 시작합니다.

한국 경제 성장률 추이와 전망을 살펴보면, 금융위기, 재정위기, 코로나 위기 당시 성장률이 급격히 하락했지만, 회복에는 그리 오랜 시간이 걸리지 않았습니다. 문제는 하락한 성장률이 이전 수준으로 회복되지 못하고 지속적으로 정체되고 있다는 점입니다. 법원에서 발표한 자료에 따르면, 2023년 기준으로 법인의 파산 비율이 역대 최고치를 기록했습니다. 더욱 심각한 것은 2024년 1~2월 데이터를 보면, 2023년 같은 기간 대비 약 30% 더 많은 법인이 파산했다는 사실입니다. 이는 개인사업자가 사업을 중단하는 것이 아니라, 법인 자체가 파산하고 있다는 뜻입니다.

많은 경영자, 투자자, VC(벤처캐피털), 정부 기관들이 다양한 경제 위기에 대해 우려하고 있습니다. 건설 부문에서 비롯된 경제 위기, 제2금융권발 경제 위기, 실물 경제 위기, 정부 리스크로 인한 경제 위기 등 여러 가능성이 제기되고 있습니다. 금융기관과 투자자들은 기업들에게 올해 무리한 투자를 지양하고, 현금 확보와 구조조정에 집중하며, 비핵심 사업에서는 철수할 것을 권고하고 있습니다.

새해를 맞이하며 대부분의 기업이 도전적이고 과감한 목표를 세웠을 것입니다. 특히 중소기업의 경우 연 10~20% 성장으로는 충분하지 않다고 여겨지며, 최소 50% 성장, 경우에 따라서는 두 배 이상의 성장을 목표로 설정해야 한다고 합니다. 현실은 그렇지 않습니다. 예상치 못한 위기와 난

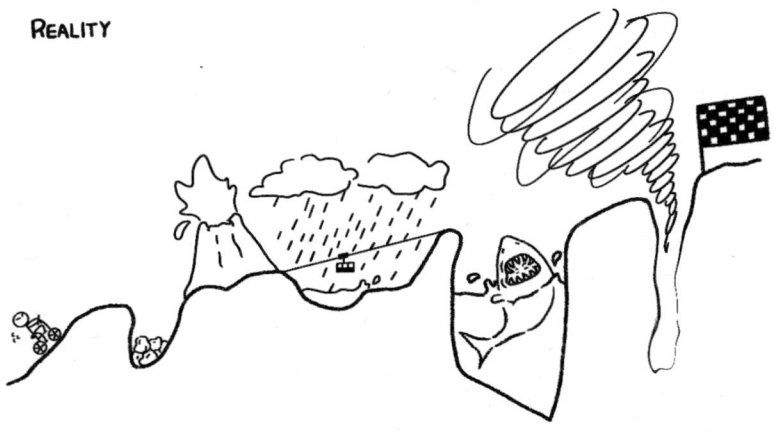

관에 부딪히고, 때로는 절망적인 상황에 빠지기도 합니다. 저 역시 그런 순간을 경험했습니다.

그럴 때 마주한 한 영상이 있었습니다. '볼텍스 운동'이라는 물리학 개념을 다룬 것이었는데, 태양계를 바라볼 때 태양이 중심에 있고, 8~9개의 행성이 그 주위를 도는 모습을 떠올립니다. 하지만 실제로 태양계 자체는 정지된 상태가 아니라, 태양을 중심으로 하여 시속 7만 km의 빠른 속도로 이동하고 있습니다. 다시 말해, 태양계는 단순히 태양을 중심으로 행성이 도는 정적인 시스템이 아니라, 엄청난 속도로 우주 공간을 가로지르며 움직이는 동적인 시스템이라는 것입니다.

마음속으로 이런 생각이 들었습니다. '사업을 하고 개인적으로도 발전을 하는데 빙빙빙 쳇바퀴 도는 듯한 느낌이 들 때, 시선을 고정으로 보는 것이 아니라 옆으로 돌아서 멀리 바라본다면 어떨까?' 가인지컨설팅그룹 혹은 여러분의 회사에 중심축이 있다면, 그것은 쳇바퀴 도는 것이 아니라 아주 빠른 속도로 성공과 실패를 반복하면서 우주 공간을 항해하고 있는 것이 아닐까라는 겁니다.

결론은 하나입니다. 지금 내가 움직이고 있는 이 환경에서 '태양'은 무엇인지 발견하는 겁니다. 성공과 실패를 결정짓고, 가장 중요한 영향을 미치는 중심이 무엇인지 확인하는 거죠. 빠른 속도로 움직이고 있지만, 저 멀리 있는 명왕성조차도 태양의 중력에 이끌려 함께 움직입니다. 행성들은 빙글빙글 돌지만 결국 태양을 중심으로 공전하며 나아갑니다. 그렇다면, 나를 중심으로 끌어당기고, 결국 모든 것을 함께 움직이게 하는 그 '중력'은 무엇일까요? 그것이 존재할 때, 볼텍스 운동이 가능해지고, 나선형 발전이 이루어질 수 있습니다.

사업이 잘될 때도 있고, 어려움을 겪을 때도 있습니다. 성공과 실패가 반복되지만, 때로는 성공이 진정한 성공이 아닐 수도 있고, 실패가 단순한 실패가 아닐 수도 있습니다. 그 모든 것을 초월하는 본질적인 가치, 변함

없이 나아갈 수 있도록 하는 그 무언가가 있어야만 볼텍스 운동은 지속될 수 있습니다.

오랫동안 가인지에서 컨설팅했던 H식품 회사가 있습니다. 이 회사는 처음 수제 만두를 만드는 작은 사업으로 시작했습니다. 창업 당시에는 단 12명이 함께 일했지만, 현재는 200명이 넘는 직원들이 함께하고 있습니다. 초기에는 B2B 시장을 공략해, 한 건의 계약만 성사되면 연 매출 1~2억 원이 발생하는 구조였습니다. 하지만 온라인 시장에 도전하면서 새로운 도약을 꿈꾸게 되었습니다.

쿠팡, 네이버 스마트스토어, 마켓컬리에 입점했지만, 하루 매출이 고작 5만 6천 원에 불과했습니다. 심지어 그중 5만 원은 사장님이 직접 구매한 금액이었습니다. 이런 현실에 좌절하지 않을 수 없었습니다. 직원들은 마케팅 전략을 고민하며 아이디어를 찾기 위해 고군분투했지만, 결과는 초라했습니다. 그럼에도 불구하고, 포기하지 않았습니다. "대한민국 사람들이 프리미엄 만두를 즐길 수 있도록 하자", "한국의 만두를 전 세계에 알리자"라는 목표를 세우고, 1년 반 동안 적자를 견디며 끊임없이 달려왔습니다.

수익이 나지 않아도 계속해서 도전할 수 있었던 회사의 원동력은 돈을 벌겠다는 것이 아니었습니다. 바로 전 세계 사람들에게 한국식 프리미엄 만두의 맛을 알리겠다는 강력한 '태양'이 존재했기 때문입니다. 명확한 중심이 있었기에, 볼텍스 운동을 지속할 수 있었던 것입니다.

이런 기업들의 사례는 주변에 아주 많습니다. 성공했을 때 기뻐하고 실패했을 때 슬퍼하는 것은 인간의 본성이지만, 이영표가 쓴 책 중에 하나인 〈성공이 성공이 아니고 실패가 실패가 아니다〉라고 하는 책에서 말하듯이, 성공도 해석이고 실패도 해석입니다. 일을 할 때 많은 경영자들이 어떤 일을 잘했고, 어떤 일을 못했다고 해석합니다. 그 기준이 오직 매출, 비용이라고 한다면 대부분의 경영자는 모두 정신병에 걸릴 겁니다. 그러나 그것을 뚫어낼 수 있는 동력은 우주의 이 광활한 우주의 시속 7만 km로 달리고 있는 이 태양이 있느냐의 문제일겁니다.

가인지컨설팅그룹이 시작한 가인지캠퍼스는 대기업의 경영 방법론이 아닌, 언더백(연매출 100억 미만) 기업만을 위한 맞춤형 방법론을 보급하자는 목표로 시작된 비즈니스입니다. 언더백 기업들이 효과적으로 경영할 수 있도록 돕기 위해 만들어졌습니다. 물론, 실행 컨설턴트들이 직접 현장을 방문해 저렴한 가격에 컨설팅을 제공하더라도 물리적 한계가 있습니다. 현재 가인지컨설팅그룹의 오프라인 컨설턴트는 30명입니다. 1년에 최대 59개 기업을 컨설팅하고 있습니다. 이를 모두 합쳐도 연간 1,000건의 컨설팅을 채우지 못합니다. 하지만 대한민국에는 720만 명의 사업자가 있습니다.

게다가 오프라인 컨설팅 비용이 상대적으로 저렴하더라도, 여전히 접근성이 높지 않다는 의견이 많았습니다. 이를 해결하기 위해 새로운 태양을 만들었습니다. 사업을 하는 모든 사람들이 굳이 컨설팅 회사를 직접 방문하지 않아도, 물리적 거리나 환경의 제약 없이 온라인에서 필요한 자료를 다운로드받고, 마치 컨설턴트를 직접 만난 것처럼 경영 지식을 얻을 수 있도록 만들었습니다. 누구나 단 1만 9천 원으로 경영 컨설팅을 경험할 수 있도록 한 것입니다.

이 프로젝트에는 수십억 원의 비용이 투자되었습니다. 지금도 월 기준으로 적자를 보고 있습니다. 하지만 흔들리지 않습니다. 분명한 태양이 있기 때문입니다. '경영자를 위한 넷플릭스'를 목표로 하고 있습니다. 글로벌 시장으로 확장할 때까지 멈추지 않을 것입니다. 전 세계 인구 82억 명 중 사업자는 15억 명입니다. 그들이 가인지캠퍼스를 알게 될 때까지 나아갈 것입니다. 길은 험해도 사랑을 믿고 따르면 해낼 수 있다고 봅니다.

그것이 있기에 지속할 수 있습니다. 매일 아침 출근하고, 동료들을 만나고, 고객을 대하는 그 과정에서, 무엇이 버티게 하는지 스스로에게 묻지 않을 수 없습니다. 지속할 수 있는 힘은 자신만의 태양안에 있습니다. 시속 7만 km로 나아갈 수 있는 내면의 역동성이 있어야만 어려움을 극복할 수 있습니다. 이는 특정한 사람들만의 고민이 아닙니다. 금융 혁신의 대표적인 사례로 평가받는 토스의 창업자, 이승건 대표 역시 같은 질문을 던졌고, 그 과정에서 많은 것을 깨달았습니다.

그는 한 강연에서 창업자의 현실을 냉정하게 바라보는 두 개의 메시지를 전했습니다. 그중 첫 번째는 다음과 같습니다. "앞으로 당신의 삶에서 당신의 스타트업이 가족보다 중요해질 것입니다. 자녀들에게 굿나잇 키스를 할 수 없는 날들이 찾아올 것이며, 좋은 집과 좋은 차를 포기해야 할 수도 있습니다. 가족들은 당신을 이해하지 못할 것이며, 사람들은 당신이 인생에서 길을 잃었다고 생각할 것입니다. 언젠가는 팀원들의 월급을 지급할 수 없는 순간이 올 것이고, 누군가는 당신을 고소할지도 모릅니다."

창업자의 길은 이처럼 험난합니다. 성공을 향한 길은 단순한 희망이 아니라, 냉혹한 현실을 직면하고 극복하는 과정입니다. 그 과정을 이겨내기 위해서는 반드시 중심을 잡아줄 무언가가 필요합니다. 그것이 바로 태양이며, 그 태양이 있어야 끝까지 나아갈 수 있습니다. 결국 삶은 미션입니다. 잠을 포기해서라도 반드시 하고 싶은 고객의 문제가 있죠. 성공, 실패, 유명세 없이도 이 일을 하고 싶은 것, 인생에서 다른 일이 아닌 이 일에 몰입하고 싶은 것입니다. 다시 태어나도 이걸 다시 할 것이라는 물음에 다른 생각이 들지 않고 똑같은 걸 다시 한다는 말이 나오는 거죠. 조직 변화를 만드는 일이 행복해서 개인의 행복인 가족, 돈, 안정감을 포기해도 아쉽지 않다는 겁니다. 이승건 대표는 매우 진실한 고백을 한 셈이죠. 뒤집어 보면 저 정도 마음가짐은 돼야 토스 정도 되는가보다 하는 겁니다.

저도 지속해서 최선을 다하고 있습니다. 때로는 이상한 노래를 부르고, 엉뚱한 춤을 추는 것처럼 보일지라도, 그 속에는 끊임없는 노력이 있습니다. 언젠가는 경영 컨설팅 업계에서 의미 있는 성과를 이루고, 변화의 증거가 되고 싶습니다. 사람들이 우릴 보며 "저들이 저렇게 해낸다면, 나도 할 수 있겠다"고 느끼도록 만들고 싶습니다.

"Do Everything in Love."라는 말이 있습니다. 이는 곧 "비즈니스는 사랑이다"라는 의미입니다. 가인지컨설팅그룹에서 일하는 수십명의 연구원들은 바로 이 가치를 중심으로 움직이고 있습니다. 태양계에서 태양을 가장 가까이 도는 수성처럼, 누구보다도 빠르게 이 원칙을 실천하고 있습니다. 성공과 실패를 반복하며 끊임없이 움직이고 있습니다.

회사의 성장이 한계에 다다랐는지 고민하기 전에, 먼저 던져야 할 질문이 있습니다. "왜 모였는가? 이 조직에서 태양은 무엇인가?" 비즈니스의 현실은 쉽지 않습니다. 때로는 억울하고, 부당한 대우를 받을 수도 있으며, 감당하기 어려운 고객의 요구에 맞서야 할 때도 있습니다. 이를 견디는 이유는 단순히 생존을 위해서가 아닙니다. 죄책감이나 책임감만으로는 지속할 수 없습니다.

비즈니스가 아니라, 세상의 문제를 해결하는 것입니다. 치과 진료를 더 편리하게 만들고 싶습니다. 사람들이 숨 쉬고 양치하는 문제를 더 쉽게 해결하고 싶습니다. 몸이 편하면서도 멋을 낼 수 있는 옷을 디자인하고 싶습니다. 헤어스타일을 연출하며 자신감을 가질 수 있도록 돕고 싶습니다. 고객이 가진 특정한 문제를 해결하고자 합니다. 과정에서 힘들더라도, "길이 험난해도 사랑을 믿고 따르겠다"는 마음으로 나아가야 합니다. 이것이 앞으로도 가야 할 길입니다.

BUSINESS
Is <u>LOVE</u>

이윤은 사랑과 헌신이 깃든
서비스의 부산물일 뿐입니다.

토니 시에(Tony Hsieh, 전 Zappos CEO),
2010년 《Delivering Happiness》 출간 당시

| PART 6 - 2 |

변화하는 세상 속 경영자의 시선도 변화해야 한다

유럽의 멋진 도시, 프랑스 파리에서 2024년에 올림픽이 열렸습니다. 예전에는 우리가 올림픽에서 금메달을 따면 다 함께 박수를 치며 열광했지만 요즘은 예전만 같지는 않습니다. 올림픽은 여전히 4년 동안 준비해온 사람들의 환희와 즐거움을 보여줍니다. 질 때도 그렇지만 이길 때도 저에게 눈물을 흘리게 만들고는 합니다. 그런 모습을 보면서 '선수들이 눈물 흘리는 것처럼, 비즈니스에서도 최선을 다하는 경영자와 직원들도 눈물을 흘릴 수 있으면 좋겠다'고 생각하게 됩니다.

월드컵에서도 비슷합니다. 우승을 한 순간, 호날두나 메시 같은 전 세계적으로 존경받는 선수들이 카메라에 잡힌 줄도 모르고 망가져가며 우는 모습을 보면, 저 사람들은 눈물 흘릴 자격이 있다고 생각하게 됩니다. 그러면서 나는 내 하루를 보내며 정말 눈물 흘릴 자격이 있을 만큼 최선을 다했는가? 나의 주변 사람들에게도 최선을 다하고 있는가? 이런 생각들을 하게 됩니다.

과거에 올림픽에서 금메달을 따면 '국위선양'이라는 단어를 사용하곤 했습니다. 메달을 땀으로 국가의 위상이 높아졌다는 뜻이죠. 파리 올림픽에서 우리나라의 많은 기대를 모았던 선수가 있었습니다. 이 선수는 자신이 실패해도 박수를 받으며, 마치 1등인 것처럼 관중을 유도했던 모습이 인상 깊었죠. 그러나 올림픽 무대에서 메달을 따지 못했습니다. 카메라가 그에게 다가갔을 때, 그는 "이번 경기를 마음껏 즐겼습니다. 4년을 위해 다시 한 번 준비해보겠습니다" 라고 말했습니다. 그 말을 듣고 격세지감을 느꼈습니다. 과거에는 금메달을 따지 못하면 고개를 숙이고 "죄송합니다. 국민 여러분, 제 노력이 부족했습니다. 죄인입니다"라고 했는데, 이제는 메달을 따지 못한 선수들도 당당하게 말합니다.

이번 올림픽을 보며 대한민국 사회가 메달의 색깔이 아니라 그 사람의 개별적인 스토리를 즐기는 방식으로 바뀌었다는 것을 느꼈습니다. 신문 기사도 올림픽이 끝나자마자 금메달 몇 개, 은메달 몇 개에 대한 이야기보다는 선수들의 노력과 팀워크, 그리고 그들이 어떻게 경기를 임했고 즐겼는지를 다루고 있습니다. 이제 대한민국 사회는 집단과 조직, 국가 중심의 사회에서 개별성과 개인화의 사회로 빠르게 넘어가고 있습니다. 기업은 이미 그렇게 변화하고 있고, 성과 측정이 개별화되지 않은 예술 기관, 협회 등도 변화의 직격탄을 맞고 있습니다.

이러한 변화를 경영자들은 몸소 겪고 있을 것입니다. 과거에는 조직 권력을 중심으로 운영되는 기업이 대부분이었지만, 이제 개인의 권력을 중요하게 생각하는 기업들이 늘어나고 있습니다. 이로 인해 개인은 "이 조직에서 내 성과를 제대로 평가받지 못하면, 다른 곳에서는 제대로 평가받을 수 있겠지" 라는 기대를 갖게 됩니다. 조직이 개인의 성과를 제대로 평가하지 못하면 유능한 인재들이 이탈할 가능성이 크다는 것을 의미합니다.

파리 올림픽을 경영자의 시선에서 볼 때, 대한민국 사회가 조직 권력이 개인 권력에 의해 도전받고 있는 아주 확실한 모멘텀이 작동한 사건입니다. 성과 관리를 바탕으로 연봉 계약을 할 때 개인을 중심으로 한 성과 관리의 시대가 왔음을 인지해야 합니다. 그렇지 않으면 훌륭한 인재들이 조직을 위해 개인의 커리어를 희생하는 일이 점점 줄어들 것입니다.

저희 회사에서 3년 차 직원이 퇴사하겠다고 했습니다. 경영자에게 직원이 퇴사하는 순간은 마치 역으로 해고당하는 기분이 듭니다. 젊은 직원이 퇴사하면 마음이 아프고, 특히 3년 차 직원이 퇴사한다고 하면 불안해집니다. 퇴사 전 퇴사자와 면담을 하게 되었습니다. 현장 사업 대표와 이미 퇴사를 논의한 후, 최종적으로 저와 미팅이 있었습니다. 이미 모든 서류는 처리되었고, 내일 모레면 퇴사하는 상황에서 만나봤자 잡을 수도 없는 상황이었지만, 그래도 만나야 했습니다.

여러 이야기를 나눈 후, 항상 하는 질문을 했습니다. "내가 무엇을 더 잘하면 더 좋은 경영자가 될 것 같아요?" 이 질문에 직원은 준비해온 대답을 했습니다. 그는 "마케터로서 여러 가지 새로운 시도를 해봤지만, 보고를 하면 자꾸 제안이 거절당해 무력감을 느꼈습니다" 라고 말했습니다. 무력감이라는 단어가 큰 충격을 주었습니다. 가인지컨설팅그룹의 마케팅 직원이 무력감을 느꼈다는 사실에 마음이 불편했습니다. 과거에 그 직원의 제안을 좀 더 진지하게 받아들였더라면, 예산을 늘려서라도 시도해보라고 했을 것입니다. 당시에는 그 직원의 고민을 제대로 이해하지 못하고, 간단하게 거절했던 것이 아쉬움으로 남았습니다. 프랑스 올림픽과 퇴사자 면담을 통해 개별성과 즉시성이 중요한 시대임을 다시금 느꼈습니다.

경영자들은 성과의 피드백을 최대한 짧게 주어야 합니다. 3개월 단위의 OKR, 더 나아가 더 짧게 월간 또는 주간 단위로 피드백을 주어야 한다는 것이죠. 이를 통해 직원들이 성취감을 느끼며 일할 수 있도록 만들어줘야 합니다. 올림픽에서 한 협회는 비난받았지만, 또다른 협회는 박수받았습니다. 14년 동안 단 한 번도 금메달을 놓치지 않은 양궁 협회가 그 예입니다. 양궁 선수들은 금메달을 딴 후에도 바로 다음 국가대표 선발전을 준비한다고 말하며 쉬지 않고 훈련에 돌입합니다. 그들은 4년 동안 지속적인 성과 피드백을 받으며 최고의 자리에 오릅니다. 그 과정에서 부모님이나 지도자, 학교 출신 등 어떤 배경도 영향을 미치지 않고, 오직 성과에 따라 평가됩니다.

개별성의 시대에는 즉시성과 성과의 노출이 중요합니다. 누가 잘하고, 누가 못하는지가 명확하게 드러나는 것이 오히려 긍정적으로 받아들여집니다. 과거에는 성과를 숨기고 드러내지 않는 것이 좋다고 생각했지만, 이제는 반대가 되었습니다. 사람들이 누가 잘하고 누가 못하는지를 투명하게 알기를 원합니다. 경영자는 세상을 새롭게 보고 문제를 해결하는 사람입니다. 기존의 방식에 얽매이지 않고, 다른 시각으로 문제를 바라보는 것이 중요합니다. 예를 들어, 내가 직원이라면 혹은 입사 지원자라면 어떻게 생각할까? 이러한 질문을 스스로에게 던지며 시야를 넓혀야 합니다. 대한민국은 고부가가치 조직으로 이동해야 하는 과제를 안고 있습니다. 인건비와 원가가 올라가면서 이익률이 올라가지 않으면 사업을 지속하기 어려워집니다. 올림픽을 보더라도 사람들의 인식이 어떻게 바뀌고 있는지 인지하고, 퇴사자나 직원들과 대화할 때도 그들의 입장에서 문제를 바라볼 필요가 있습니다. 타자의 시선으로 나를 바라보는 노력을 통해 조직이 더 높은 부가가치를 창출할 수 있을 것이라고 믿습니다.

일을 사랑하는 사람에겐
불가능이란 없습니다.

앤드류 카네기(Andrew Carnegie),
1902년 자서전 《Autobiography of Andrew Carnegie》 일부 발언

| PART 6 - 3 |

일의 의미와 성장을 지속적으로 강조해야 하는 이유

월급과 현실: 통계로 본 진짜 중산층의 모습

저는 매일같이 유튜브를 하는 유튜버이자 경영 컨설팅사의 대표입니다. 드디어 유튜브에서 100만 조회수를 넘긴 작품이 하나 나왔습니다. 경영 전략, 성과 관리, 마케팅 전략, 재무 생산 프로세스 등 수많은 콘텐츠를 제치고 100만 조회수를 최초로 달성한 것은 바로 월급 콘텐츠였습니다. 사람들이 '보상'에 관심이 많다는 것을 알 수 있는 대목이기도 하죠. 100만 조회수를 달성한 월급 관련 콘텐츠에서 중요한 문제를 다루고 있습니다.

우리는 흔히 중산층을 2,000cc 이상의 자동차를 소유하고, 30평 이상의 아파트를 보유하며, 현금 자산 1억 원 정도를 갖추고, 월급 500만 원

이상을 받는 사람이라고 생각합니다. 하지만 대한민국의 급여 소득과 통계를 살펴보면, 현실 속 중산층의 모습은 이러한 일반적인 인식과 크게 다릅니다.

현재 대한민국의 경제활동 인구는 약 2,900만 명이며, 이들의 평균 소득은 363만 원, 중위 소득은 242만 원 수준입니다. 즉, 대한민국에서 일하는 사람들을 소득순으로 1등부터 2,900만 등까지 줄 세웠을 때, 정확히 중간에 위치한 사람의 월급은 240만 원에도 미치지 못합니다.

이러한 현실을 콘텐츠에서 공유하자, 다양한 반응이 나왔습니다.

"이런 내용을 왜 올리는 겁니까?"
"월급 적게 주는 게 정당한 것 아닙니까?"
"사장님은 직원들에게 돈을 많이 주나요?"
"좋은 회사란 결국 돈을 많이 주는 회사 아닙니까?"

"돈을 많이 주는 회사로 가는 것이 당연한 선택입니다."

이 콘텐츠의 후반부에서는 단순한 통계를 넘어, 사회적 인식의 문제를 짚었습니다.

오늘날 사회에서는 '상향 평준화'와 '평균 올려치기' 현상이 두드러집니다. SNS에서는 누구나 자신의 화려한 순간만을 부각하기 때문에, 현실적인 삶의 모습은 쉽게 가려집니다. 그러다 보니 우리는 주변 사람들이 실제로 어떤 경제적 상황에 놓여 있는지, 어떤 고민과 어려움을 겪고 있는지 제대로 인식하지 못할 때가 많습니다.

하지만 통계가 말해주는 현실은 분명합니다. 대한민국에서 경제활동을 하는 사람들의 중위 소득이 240만 원 수준이라는 사실은, 많은 이들이 기대하는 '평균적인 삶'과 실제 현실 사이의 간극이 크다는 것을 보여줍니다.

그렇기 때문에 월급 240만 원을 받는 사람이 있다고 해서 그들을 단순히 평가하거나 폄하하기보다는, 우리 사회의 많은 사람들이 그러한 현실 속에서 살아가고 있음을 인정하는 태도가 필요합니다. 또한, 월급 240만 원을 지급한다고 해서 경영이 실패한 것은 아닙니다. 기업의 생존과 성장은 다양한 요소에 의해 결정되며, 모든 사업장이 높은 급여를 지급할 수 있는 구조를 갖춘 것은 아닙니다. 중요한 것은 현실을 직시하면서도, 더 나은 환경을 만들기 위해 노력하는 것입니다. 단순히 "돈을 많이 주는 회사로 가라"는 조언만이 아니라, 일하는 사람들이 더 좋은 대우를 받을 수 있는 구조를 함께 고민하고 만들어가는 것이 필요합니다.

무엇보다도 중요한 것은 서로를 격려하며 함께 성장해 나가는 것입니다. 우리는 같은 사회 안에서 살아가고 있으며, 개인의 삶과 기업, 그리고 경제 구조는 긴밀하게 연결되어 있습니다. 현실을 있는 그대로 받아들이되, 모두가 더 나은 방향으로 나아갈 수 있도록 함께 고민해야 합니다.

이 이야기에 "정당화하는 거냐?"라는 댓글이 달리기도 합니다.

하지만 가인지가 계속해서 강조하는 핵심 메시지는 단순히 월급을 주고받으며, 고객으로부터 최대한의 이익을 얻어 잘 먹고 잘 살자는 것이 아닙니다. 기업은 단순한 이익 창출의 공간이 아니라, 고객에게 최선을 다하고, 자신의 실력을 발휘할 수 있는 공간이 되어야 한다는 것입니다.

가인지에서는 '비즈니스는 사랑이다'라는 철학을 실천합니다. 단순히 사업을 운영하는 것이 아니라, 고객과 이웃을 위해 최선을 다하는 행위 자체를 중요한 가치로 여깁니다. 이를 실천하는 대표적인 예가 바로 연말 행사입니다. 가인지에서는 매년 연말, 1년 동안 컨설팅 현장에서 최선을 다해 도왔던 사람들을 초대해, 우리가 어떻게 사랑을 실천하며 일했는지를 돌아보는 발표 시간을 갖습니다. 가인지 역시 하나의 기업이지만, 단순한 경제적 성과를 넘어 사랑을 실천하는 조직이 되고자 합니다.

그런데도 왜 100만 조회수가 넘는 유튜브 콘텐츠에서는 여전히 많은 사람들이 "결국 돈이 최고입니다."라고 말할까요? 이와 관련해, 미국의 대표적인 조사 기관이자 재단법인인 큐 리서치(Q Research)에서 발표한 연구 결과가 있습니다. 이 연구에서는 전 세계 주요 17개국을 대상으로 "무엇이 당신의 삶을 가장 행복하게 만듭니까?"라는 질문을 던졌습니다. 결과를 살펴보면, 사람들은 다음과 같이 답했습니다.

대한민국은 정말 물질만능 사회인가?

호주, 뉴질랜드, 스웨덴, 프랑스, 그리스, 독일, 캐나다, 싱가포르, 이탈리아, 네덜란드, 벨기에, 영국, 미국 등 주요 국가들은 모두 '가족'을 삶에서 가장 중요한 요소로 꼽았습니다. 그다음으로 중요한 요소는 '직업', 세 번째는 '친구', 그리고 네 번째 혹은 다섯 번째에 '물질적 풍요'가 위치했습니다. 하지만 대한민국만 유일하게 '물질적 풍요'를 가장 중요한 요소로 꼽았고, 그다음으로 '건강', '가족', '일반적인 가치', 그리고 다섯 번째로 '사회와 자유'를 선택했습니다. 주목할 점은 다른 국가들에서 중요하게 여겼던 '직업'이 순위 안에 포함되지 않았다는 것입니다.

이 조사 결과를 두고 대한민국의 여러 언론은 "대한민국은 전 세계에서 유일하게 물질을 최우선으로 여기는 나라가 되었다", "몰가치 사회, 돈이 최고의 가치가 된 국가"라는 식으로 해석하기 시작했습니다.

저는 대학에서 교육학과 경영학을 전공하며, 한국 리서치에서 정기적으로 발표하는 대한민국 가치관 조사 데이터를 접한 적이 있습니다. 2018년 조사에서 "당신의 삶에서 무엇이 중요합니까?"라는 질문(여기서

'Important'라는 단어 사용)에 대해 대한민국 사람들은 '건강', '부모', 그리고 그다음으로 '일'을 꼽았습니다. 2021년 조사에서도 동일하게 '건강', '부모', 그리고 '일'이 가장 중요한 요소로 나타났습니다. 하지만 여기서 사용된 질문의 표현에 주목할 필요가 있습니다. 큐 리서치 조사에서는 "당신의 삶을 행복하게 만드는 것은 무엇입니까?"라는 질문을 했고, 한국 리서치 조사에서는 "당신의 삶에서 무엇이 중요합니까?"라고 질문했습니다.

단어 선택이 다르지만, 맥락상 비슷한 의미로 해석될 수 있습니다. 특히 'Important(중요한)'과 'Meaningful(의미 있는)'은 완전히 동일한 개념은 아니지만, 삶에서 핵심적인 가치를 묻는 맥락에서는 겹치는 부분이 있습니다. 큐 리서치는 정치적·사회적 이슈로부터 독립된 공정하고 객관적인 재단법인으로, 기부금으로 운영되는 만큼 발표하는 연구 결과에도 신뢰성이 있습니다. 하지만 해당 데이터를 보면서 저는 "정말 한국인만 물질적 풍요를 최우선 가치로 두는 것일까?"라는 의문이 들었습니다. 조사 보고서를 살펴보니 중요한 점이 있었습니다. "당신의 삶을 행복하게 만드는 것은 무엇입니까?"라는 주관식 질문에 사람들이 직접 답을 적는 방식으로 진행됐는데, 어떤 사람들은 56개의 답을 적었고, 일부는 34개를 썼으며, 또 어떤 사람들은 단 하나의 답만 작성했습니다.

특히 대한민국 사람들은 객관식 문제에서 '정답은 하나'라고 생각하는 경향이 강합니다. 이러한 경향이 반영된 결과, 단 하나의 단어만 답한 비율이 무려 62%에 달했습니다. 즉, 대한민국 응답자들은 이 질문에 대해 대다수가 하나의 답만 적은 것입니다. 이와 비슷한 경향을 보인 나라는 일본이었습니다. 한국과 일본은 '정답 맞추기'에 익숙한 사회라고 볼 수 있습니다. 반면, 다른 나라 응답자들은 다양한 답을 적었기 때문에 선택지가 넓게 분산되었다고 해석할 수 있습니다.

한편, "물질적 풍요가 당신의 삶에서 가장 중요한 요소입니까?"라는 질문에는 대한민국 응답자 중 단 19%만이 그렇다고 답했습니다. 반면, 스페인에서는 42%가 물질적 풍요를 가장 중요한 가치로 꼽았습니다. 이 결과를 살펴보면, 대한민국이 몰가치 사회이며 돈이 최고의 가치라고 생각한다는 해석에는 다소 무리가 있다는 점이 드러납니다.

오히려 스페인에서는 대한민국보다 두 배 이상 많은 응답자가 '물질적 풍요가 가장 중요하다'고 답했으며, 대한민국은 평균 수준에 불과했습니다.

비슷한 시기에 또 다른 연구에서도 유사한 결과가 나왔습니다. 영국 킹스칼리지 왕립대학에서 진행한 '세계 가치관 조사'에서는 여러 국가를 대상으로 다음과 같은 질문을 던졌습니다. "열심히 일하면 더 나은 삶을 살 수 있다고 생각합니까?" 이 질문에 대한 답변은 세 가지 선택지로 나뉘었습니다. '그것만으로는 안 된다.', '아니다.', '운이 더 중요하다.'

이 조사에서 대한민국은 '열심히 일하면 더 나은 삶을 살 수 있다'고 응답한 비율이 전체 조사 대상국 중 하위 16%에 속했습니다. 이를 두고 대한민국 언론은 "한국인의 16%만 열심히 일하면 더 잘 살 수 있다고 생각한다", "세계 꼴찌 수준이다"라는 식으로 보도했습니다. 매일경제 경제 기사에서도 "열심히 일하면 성공한다? 한국인 70%는 행운도 따라야 한다", "노력한 만큼 성공 가능하다는 질문에 한국인의 긍정 답변이 가장 낮았다"고 보도했습니다.

하지만 이 데이터를 다른 시각에서 해석할 수도 있습니다. 대한민국 사회는 목표 지향적입니다. 오랫동안 "선진국보다 우리가 부족하니 더 노력해야 한다"는 사고방식이 자리 잡아왔습니다. 그렇기 때문에 대한민국 사람들은 '성공에는 운이 가장 중요하다'고 생각하는 비율이 전 세계에서 가장 낮은 수준을 기록했습니다. 운이 가장 중요하다고 답한 비율이 가장 낮은 나라는 영국이었고, 그다음이 일본, 그리고 대한민국(14%)이었습니다.

그렇다면 왜 언론은 이 데이터를 이렇게 해석하지 않았을까요? "대한민국은 '운이 가장 중요하다'고 답한 비율이 세계 최하위입니다." "대한민국 사람들은 노력과 일을 중요한 가치로 여깁니다." 이렇게 발표했다면, 더 균형 잡힌 해석이 가능하지 않았을까요?

시간이 지난 후, SBS '친절한 경제' 코너에서도 이 데이터를 다시 조명했습니다. 초기 언론 보도와 달리, "노력은 소용없고, 운과 연줄이 전부"라고 답한 대한민국 사람들의 비율이 14%에 불과했다는 점을 강조한 것입니다. 흥미로운 점은, 성공의 가장 중요한 요소로 '운'을 꼽은 국가들이 주로 남미 지역에 몰려 있었다는 사실입니다. 특히 브라질에서는 27%가 "운이 성공의 핵심 요소"라고 응답했으며, 이는 대한민국(14%)의 거의 두 배에 해당하는 수치였습니다. 이러한 조사 결과는 일과 성공에 대한 대한민국의 가치관을 다시 한 번 생각해보게 합니다.

돈 이상의 가치를 만드는 비즈니스의 본질

가인지컨설팅그룹은 "일을 통해 행복할 수 있다"는 믿음 아래, 비즈니스 세계를 변화시키기 위해 노력하는 조직입니다. 하지만 세상에는 일에 대한 또 다른 시각도 존재합니다. "최소한으로 일하면서 월급은 최대한 많이 받고, 행복은 필리핀이나 하와이에서 누리세요." 이런 인식과의 충돌은 단순한 의견 차이가 아니라, 서로 다른 세계관 간의 대립입니다. 세계적으로 기업가 정신을 연구한 조지프 슘페터(Joseph Schumpeter)는 기업가는 경제를 발전시키고 혁신을 이끄는 존재라고 말했습니다. 그와 같은 이야기를 피터 드러커(Peter Drucker)도 강조했죠. 실제로 21세기에 들어서 대한민국은 전 세계에서 가장 기업가 정신이 높은 나라 중 하나로 평가받기도 했습니다.

기업가 정신은 세상에 존재하는 문제를 해결하는 것에서 출발합니다. 누군가는 환경오염 문제를 해결하고 싶고, 누군가는 의료 서비스 접근성을 개선하고 싶어 합니다. 이처럼 사람들이 겪고 있는 문제(페인 포인트)에 주목하는 것이 바로 기업가 정신의 핵심입니다. 그러나 문제를 해결하는 것만으로는 충분하지 않습니다. 이러한 해결책이 지속 가능하려면, 필요한 자원을 스스로 충당할 수 있는 구조를 만들어야 합니다. 단순히 기부금이나 세금에 의존하는 방식이 아니라, 스스로 수익을 창출하여 장기적으로 유지될 수 있는 방식이어야 합니다. 하지만 일부 사회에서는 여전히 모든 문제를 정부가 해결해 주길 기대하는 경향이 있습니다. 정부가 시장을 과도하게 통제하거나, 기업들이 성장할 환경을 제공하지 못할 때 어떤 일이 벌어질까요?

　피터 드러커는 히틀러의 시대를 경험하면서 독일의 하이퍼인플레이션과 과도한 세금 부담을 직접 겪었습니다. 당시 독일 사람들은 기업가들이 만들어낼 결과를 기대하기보다 정부에 의존하는 경향이 강했습니다. 그 결과, 국민들은 점점 정부가 모든 문제를 해결해 줄 것이라 기대하게 되었고, 이는 결국 나치 독일의 국가 사회주의 노동당(NSDAP)으로 이어졌습니다. 피터 드러커는 이 과정을 지켜보며, "책임과 자유로 성과 높은 조직을 만드는 일은 다원적 조직 사회에서 자유와 존엄을 지키는 유일한 길이다"라고 말했습니다. 그의 메시지는 명확합니다. 성과와 책임 경영은 폭정을 대신할 대안이며, 폭정을 막아내는 유일한 방법입니다.

　기업과 경영자, 그리고 기업에서 일하는 사람들이 책임감과 윤리를 바탕으로 비즈니스를 운영할 때, 국민들은 소비자로서 자유로운 선택권을 보장받는 사회에서 살아갈 수 있습니다. 즉, 비즈니스가 건강하게 운영될 때, 개인의 자유와 경제적 선택권이 보장됩니다. 그렇다면 정부가 모든 경제 문제를 해결할 수 없다면, 시장은 어떻게 움직여야 할까요? 결국 비즈니스의 본질은 자유 시장에서 혁신과 경쟁을 통해 발전하는 것입니다. 그리고 이는 기업가들이 스스로 문제를 해결하고, 고객에게 더 나은 가치를 제공하는 과정에서 이루어집니다.

부대찌개와 떡볶이는 왜 몰려 있을까?: 경쟁이 만드는 가치

왜 의정부에는 부대찌개집이 몰려 있고, 신당동에는 떡볶이집이 많을까요? 마치 편의점이 일정 거리를 두고 개점해야 할 것처럼 보이지만, 현실에서는 특정 지역에 같은 업종이 집중되기도 합니다. 그 이유는 비즈니스의 본질이 상호 경쟁을 통해 더 나은 서비스를 제공하는 데 있기 때문입니다.

정치권에서는 소상공인 보호를 위해 지원금을 지급해야 한다거나, 특정 업종의 매출 보전을 위해 정책을 마련해야 한다는 논의가 이루어지기도 합니다. 정치인 입장에서는 유권자의 지지를 얻기 위해 이러한 공약을 내세우는 것이 당연할 수도 있습니다. 하지만 시장 원리에 의해 기업이 경쟁하고, 고객으로부터 선택받으며, 스스로 지속 가능한 모델을 만들어 나가는 것이 비즈니스의 본질입니다.

그런데 대한민국 사회에서는 최근에 이런 흐름들이 있기도 합니다. 비즈니스란 돈 벌기 위해서 뭐든지 할 수 있습니다. 주가도 조작하고 판매자들의 수수료 줄 돈을 모아서 다른 기업 사는 데 쓰고, 갑자기 사고치고 해외로 나가버리고, 또 어떤 기업들은 환경도 파괴하고 노동자를 착취하며 수많은 기업들의 어두운 이야기들이 연일 보도됩니다. 오죽하면 중소기업 치면 옆에 나오는 검색어가 무시무시한 그런 어두운 이야기뿐입니다.

그러니 건설 산업을 혁신했던 사람으로 알려졌던 강철왕 카네기가 최근 재평가되면서 노동자를 억압하는 사람으로 비추어지고, 석유왕이었던 록펠러는 전 세계 석유 산업, 에너지 산업을 부흥시키는 동시에 엄청난 자선

활동을 했던 사람이었음에도 불구하고 최근에는 경쟁자들을 찍어 누른 사람으로 비추고 있습니다. 빌 게이츠는 세상을 변화시킨 리더이자 커뮤니케이터의 리더였고, 커뮤니케이션의 대중화를 앞장서서 레거시 언론과 정치 권력자들만 세상과 연결되는 것이 아니라 모든 사람들이 세상과 연결되도록 만들어준 디지털 혁신가였는데, 최근에는 디지털 독점과 사람들의 두뇌를 지배하려는 사람으로 비춰지게 되었습니다.

비즈니스에 대한 평가는 점점 줄어들고 대한민국 사회가 되면서 '경쟁은 선한가'라는 가치에 대해 의심을 갖게 되는 것입니다. 동시에 노력의 가치도 훼손되고 비즈니스 하는 사람들을 바라보는 시선조차도 훼손되는 것입니다. 경쟁은 선합니다. 경쟁은 자본주의 시스템에서 없어서는 안 되지만, 강하면 좋을 필요악입니까? 아니면 경쟁은 인간 사회에서 정말 좋은 것입니까?

지역별로 빽다방도 들어오고 세탁소도 들어오고 자꾸 들어오니까 경쟁이 너무 심화되니까 지역별로 세탁소도 몇 개 하고, 식당도 몇 개 하고, 편의점도 몇 개만 해서 서로 너무 경쟁하지 않도록 했으면 좋겠다라는 이야기를 진지하게 했었습니다. 그러나 전 확신합니다. 그 방송 끝내고 점심시간에 주머니를 만지작거리면서 "이 설렁탕집이 맛있을까? 저 설렁탕집이 맛있을까?" 고민하고 더 맛있는 곳으로 갈 것입니다. 경쟁을 악하다고 말하는 많은 사람들 중에서도 가지고 있는 시간과 돈을 더 잘 쓰기 위해 나를 만족시켜줄 곳을 끊임없이 찾는 것입니다.

카네기, 록펠러, 피카소가 보여준 경쟁의 진짜 의미

인간의 욕구는 충족되지만 욕망은 충족되지 않죠. 인간이란 본래 그런 존재입니다. 비즈니스는 계속해서 생겨나고, 보다 나은 고객 만족을 위해 경쟁하며 선택받는 과정입니다. 예를 들어, 20세기 최고의 예술가로 불리는 피카소가 있습니다. 그의 천재성은 어디에서 비롯된 걸까요? 피카소 같은 위대한 예술가는 과연 선천적인 재능만으로 탄생한 걸까요? 그렇지 않습니다. 1945년에 발표한 작품 'Bull(들소)'을 보면 피카소가 얼마나 많은 연습을 통해 자신의 작품을 완성해갔는지 알 수 있습니다.

피카소는 평생 동안 벨라스케스라는 고전파 사실주의 작가를 무수히 습작했습니다. 중세 시대 화가들은 사진을 대신하는 역할을 했습니다. 왕립학원에서 정해진 방식과 매뉴얼대로 그림을 그렸기 때문에, 루이 13세나 헨리 8세의 초상화 같은 작품들은 당시에는 현실 그대로 잘 그리는 것이 가장 좋은 작품으로 여겨졌습니다.

벨라스케스는 여기서 새로운 시도를 했습니다. 그는 시녀들을 그릴 때 앞모습뿐 아니라 옆모습도 그리고, 심지어 거울 속에 비친 자기 자신의 자화상까지 그렸습니다. 중세 고전주의 화가들이 비로소 피사체를 다양한 각도에서 보기 시작한 것입니다. 이로 인해 인상파 화가들은 인물뿐 아니라 자연의 모습을 담게 되었고, 사과와 해바라기를 그리게 되었습니다.

이러한 인상파 화가들의 과도기 역할을 한 벨라스케스의 작품을 피카소는 수없이 연습했습니다. 경쟁은 선한 것입니다. 고객에게 선택받기 위해 최선을 다하고, 가격을 낮추며 원가를 절감하고 품질 혁신을 하며 고객 가치를 만들어내는 노력은 단순히 돈을 벌기 위한 것이 아닙니다. 이는 예술가들에게도 마찬가지로 적용됩니다.

피터 드러커는 오래전부터 비즈니스의 목적이 고객 가치를 창조하고 고객을 유지하며, 고객의 만족을 지키는 것이라고 강조했습니다. 그런데 오늘날 대한민국의 정치·경제 교과서에서는 기업의 존재 목적은 이윤 추구이고, 정당의 존재 목적은 정권 창출이라고 결과만 가르치고 있습니다. 이는 반드시 고쳐야 할 부분입니다. 피터 드러커가 말했듯이, 비즈니스의 목적은 고객 가치를 만들어내는 것이며, 이윤은 그 결과로 따라오는 것입니다.

'어제의 나'를 이기는 사람이 고객에게 선택받는다

오늘날 사회는 목적과 결과를 구별하는 것을 이상하게 생각하는 경향이 있습니다. 목적을 잊어버리고 결과 자체를 목적으로 삼아버리는 현상이 대표적입니다. 이는 평가와 도전을 제대로 구별하지 못하는 문제로 나타나기도 합니다. 조직에서 목표를 세우는 이유가 평가를 위한 것이라고 생각하는 경우가 많습니다. 하지만 실제 목표를 세우는 이유는 평가가 아니라 도전을 위한 것입니다. 그리고 도전한 결과를 평가해야 합니다. 목적과 결과를 구분하지 않고 일하는 것은 경쟁, 노력, 그리고 결국 비즈니스의 가치를 폄하하는 것입니다. 비즈니스가 단순히 돈을 벌기 위한 것으로 인식되는 것을 바꿔야 합니다.

이러한 인식을 바꾸는 것이 바로 경영자의 역할입니다. 경영자는 함께 일하는 동료들에게 과감하게 열심히 일하자고 말해야 합니다. 왜냐하면 경쟁과 노력을 통해 고객을 만족시키고, 더 나은 품질의 서비스를 제공하여 결과적으로 지속 가능성을 확보할 수 있기 때문입니다. 이는 비즈니스뿐 아니라 공무원이나 비영리 단체에서도 마찬가지입니다. 공무원은 강제로 걷은 세금을 통해 좋은 일을 하고, 비영리 단체는 자발적으로 낸 기부금을 통해 좋은 일을 합니다. 그러나 비즈니스는 좋은 일을 하면서 고마운 소리를 들으며, 동시에 쓸 돈을 버는 구조입니다.

따라서 비즈니스에서의 경쟁은 남을 이기기 위한 것이 아니라 고객을 향한 나의 사랑을 검증받는 과정입니다. 다시 말해, 경쟁은 나 자신을 이기기 위한 것입니다.

저는 개인적으로 축구를 굉장히 좋아합니다. 보는 것도 좋아하고 직접 하는 것도 좋아합니다. 40대 때 7년 정도 축구 동아리에서 일주일에 한 번씩 경기를 했습니다. 그런데 40대 아저씨들이 모여서 축구를 하면 종종 경쟁이 심해지고 격해집니다. 처음에는 친선 축구라고 하지만 전반전에 두세 골을 먹히고 나면 후반전에는 깊은 태클이 나오고, 마치 전쟁처럼 됩니다. 경기가 끝나면 다들 "더 이상 이렇게 심하게 경쟁하지 말자"고 이야기합니다.

어느 날, 30대 중반의 후배 한 명이 있었습니다. 그 친구는 축구 매너도 좋았고 다른 사람이 다치면 손을 잡아 일으켜주는 친구였습니다. 그를 보며 저도 "나도 저렇게 해야지" 결심했지만 잘되지 않았습니다. 그러던 어느 날, 그 후배가 선배들의 이야기를 조용히 듣다가 마지막에 한 마디를 했습니다. "저는 남을 이기려고 하지 않고, 저 자신을 이기려고 합니다." 그 말을 듣고 나이 많은 선배들이 모두 침묵했습니다. 그 침묵 속에서 깨달았습니다. 남을 이기려 하니 격해지고 힘들어지는 것이구나, 그 친구가 매너 플레이를 할 수 있었던 이유는 자기 자신을 이기는 목표를 가지고 있었기 때문이구나...

이후 저는 비즈니스에서 경영자로서 직원들을 대할 때도, 경쟁자를 상대할 때도 남을 이기기 위한 경쟁이 아니라 나 자신이 더 나아지기 위한 경쟁을 하고 있습니다. 피곤하거나 상태가 좋지 않을 때에는 경쟁자를 압박하고 싶은 마음이 들기도 하지만, 그럴 때일수록 사랑의 방식으로 일해야 합니다. 경쟁은 사랑의 구체적인 방법입니다. 경쟁이 파괴적으로 작동하지 않도록 하려면, 여러분 역시 어제의 나를 뛰어넘는 오늘의 내가 무엇인지, 작년의 나를 뛰어넘는 올해의 나는 어떤 모습이어야 하는지 생각하며 비즈니스를 해나가시길 바랍니다.

BUSINESS Is <u>LOVE</u>

↪

우리는 돈을 벌기 위해 비즈니스를 시작하지 않았습니다.
세상을 더 나은 곳으로 만들겠다는 마음에서 시작한 것입니다.

래리 페이지(Larry Page),
2014년 구글 연례 주주총회 발언 중

| PART 6 - 4 |

역경을 이겨내는 경영자의 실력은 어디서 오는가?

존경하는 권도균 대표님에 대해 말씀드리며 글을 시작하고 싶습니다. 권 대표님은 대한민국 결제 시스템의 1세대로 불리는 이니시스 결제 시스템을 개발하시고, 이를 성공적으로 매각한 후 창업가들을 돕기 위해 '프라이머' 라는 벤처 투자 회사를 설립했습니다. 현재 이 회사를 통해 후배 창업가들을 양성하고 계십니다. 프라이머의 투자 기업 중에는 익숙한 세탁특공대와 마이리얼트립 같은 성공적인 기업들이 있습니다. 지금까지 프라이머의 프레임워크 과정을 이수한 창업가들은 약 천 명이 넘습니다.

권 대표님은 자주 언론에 출연하셔서 창업가들에게 주의할 점에 대해 조언하시곤 합니다. 대표님께서 강조하시는 것은 창업가들이 MVP를 만들어 시장에 진입한 후 시리즈 A, B, C 투자를 받는 동안 본업에 집중하기보다는 명함을 돌리며 여러 협회에 얼굴을 비추고 투자 유치에만 신경을 쓰는 경우가 많다는 점입니다. 대표님은 창업가들에게 "제발 내게 조언할 때는 본업에 집중하라"고 당부하십니다. 처음 창업하여 스타트업을 만들 때, 세상에서 해결하고자 했던 특정한 문제에 집중해야 합니다. 그 문제를 해결할 때까지 꾸준히 노력하는 것이 중요하며, 그렇게 해야만 처음에 작게 시작한 기업이 세상에서 의미 있는 기업으로 성장할 수 있습니다. 스타트업만 해당되는 건 아닙니다.

최근 컨설팅 하는 회사 중에 에스테틱 브랜드가 하나 있습니다. 이 브랜드는 신생 기업이지만 현재 전국에 약 150개의 에스테틱 샵을 운영하고 있습니다. 브랜드의 대표님을 만났을 때, "예뻐지는 것도 중요하죠?"라고 말했더니, 그분이 갑자기 화를 내며 말했습니다. "아니요, 예뻐지는 것보다 더 중요한 것이 있습니다." 궁금해져서 "더 중요한 게 뭔가요"라고 물었습니다. 그분이 이렇게 이야기하셨습니다. "미장원이나 네일샵 같은 곳에서 일하던 사람들의 사회적 인식이 개선되는 데 10년, 20년이 걸렸습니다. 예전에는 네일샵이나 에스테틱 업계에서 일하는 사람들이 '아줌마'라는 소리를 들으며 일해야 했지만, 지금은 저와 함께 일하는 수백 명의 직원들이 있습니다. 해결하고 싶은 문제는 에스테틱 브랜드에서 일하고 있는 사람들의 사회적 지위를 향상시키는 것입니다. 새로운 샵을 열거나 대리점, 직영점을 운영할 때 가장 중요하게 생각하는 것은 돈을 많이 버는 것이 아니라, 이 산업에 대한 사회적 인식을 긍정적으로 만드는 것입니다.

사람들이 '저는 에스테틱 샵을 운영합니다'라고 한마디 할 때, '정말 좋은 일 하고 계시네요'라는 반응을 얻는 것을 목표로 하고 있습니다."

이 브랜드는 매장마다 조금씩 다르게 연출하는 방식이 인상적입니다. 예를 들어, 어떤 곳은 고객의 휴게실을 단순히 마카롱 정도만 제공하는 수준이 아니라, 고객이 편안하게 쉴 수 있도록 매우 고급스럽게 꾸며 놓았습니다. 기존에 없던 방식으로 지속 가능한 문제 해결을 지향하고 있습니다. 이는 흔히 '앙트러프러너십'이라고 부르는 창업가정신의 한 예이기도 합니다.

조지프 슘페터가 19세기 초반에 말했던 것처럼, 기업이 성장하려면 기업가정신이 필요합니다. 기업가정신이란 세상에 존재하는 어떤 문제를 지속 가능한 방식으로 해결하는 능력을 의미하죠. 이를 창조적 파괴 또는 파괴적 혁신이라고도 부릅니다. 회사가 역경을 이겨내고 경영자의 역량을 강화하려면 조직 내에 '망원경' 같은 시각이 필요합니다. 회사가 어려운 상황에 처해 있지만, 회사가 사라지면 이 산업과 고객들이 잃게 되는 것이 있을 것입니다. 산업의 발전이 제한될 수도 있고, 산업내 다른 플레이어들과 경제 전반에 영향을 줄 수 있습니다. 이것이 역경을 극복하는 첫 번째 힘이라 생각합니다.

오랫동안 저희가 돕고 있는 기업 중에 한 푸드테크 기업이 있습니다. 이 회사는 전국에 약 400개의 가맹점을 보유하고 있으며, 약 10개의 가맹 브랜드를 관리하고 있습니다. 현재 삼성과 협업도 준비하고 있는 곳입니다. 회사는 처음 사업을 시작할 때 A라는 맥주 브랜드의 대리점으로 출발했습니다. 대리점으로 일하면서 본사와의 불평등한 관계에 많은 한계를 느꼈고, 이에 대한 문제의식을 갖게 되었습니다. 그래서 열심히 사업에 몰두한 끝에 결국 프랜차이즈 본사로 성장했고, 청년층을 타겟으로 하는 브랜드를 론칭하게 되었습니다.

본사 사장이 된 이후, 대표님은 대리점주와의 관계에 대해 깊이 고민하게 되었다고 합니다. 프랜차이즈 본사와 대리점 간의 관계는 종종 제로섬 게임처럼 보입니다. 예를 들어, 본사가 마진을 남기면 대리점주는 직거래를 원하게 되고, 인테리어 마진을 본사가 챙기면 대리점주는 비용 절감을 위해 다른 옵션을 찾게 되죠. 이 과정에서 입장의 차이로 인해 자신의 신념과는 다른 어려움을 겪게 되었다고 합니다.

이런 고민을 통해 상호간에 이익을 낼 수 있는 방향을 고민하며 푸드테크를 발전시키기 시작했습니다. 회사는 주점, 맥주집, 식당, 분식집 등 다양한 매장을 운영하며, 테이블 오더 시스템을 넘어서서 퀴즈 풀기, 노래 부르기 등 엔터테인먼트 요소를 접목한 푸드테크 기술을 개발했습니다. 대한민국에서는 아직 이러한 매장을 경험하기 어렵지만, 현재 미국 LA를 중심으로 약 30개 매장에서 테스트 중입니다. 이 시스템이 성공적으로 자리 잡으면 한국에 도입해 아시아 시장으로 확장할 계획을 세우고 있습니다.

길이 멀고 험해도 방향이 있다면 결국 길을 찾을 수 있습니다. 이 회사는 자영업자와 외식 산업이 위기를 맞고 있는 오늘날 해결책을 제시할 수 있는 중요한 역할을 하고 있습니다. 흔히 말하는 배달앱, 테이블 예약 시스템, 그리고 수많은 플랫폼들이 시장의 수익을 가져가고 있는 상황에서

각 플레이어들이 해결책을 찾아야 할 방향성은 분명합니다. 그것은 특정한 세상의 문제를 반드시 해결하겠다는 '망원경'을 갖는 것이며, 이것이야말로 역경을 극복하는 첫 번째 조건이라고 생각합니다.

경영자의 두 번째 무기는 디테일입니다. 큰 그림을 잘 그리지만 디테일이 부족해서 구체적인 문제를 해결하지 못하는 기업은 품질이 개선되지 않고 고객에게 사랑받지 못하며 가격 인상 기회도 놓치게 됩니다. 전략기획실에서 중장기 전략을 세우는 일을 좋아했지만, 종종 디테일이 약하다는 피드백을 받았습니다. 큰 그림은 잘 그리지만 디테일을 놓치는 경우는 많습니다.

가인지와 오래 함께한 식음료 회사가 있습니다. 이 회사는 처음에 대만에서 수입한 잎차를 소분해 프랜차이즈 본사에 납품하는 일로 시작했는데 현재는 약 100명의 직원으로 성장하여 해외 진출과 상장까지 목표로 하고 있습니다. 그들의 핵심 전략 중 하나는 매일 아침 9시, 공장 스위치와 컴퓨터를 켜기 전 30분 동안 그룹별로 앉아 다양한 활동을 하는 것입니다. 월요일은 책 읽기, 화요일은 어제의 문제 토론, 수요일은 팀장이 전달하고 싶은 이야기를 공유하는 시간, 목요일은 각자가 집에서 가져온 소설을 읽는 시간으로 활용하고, 금요일은 경영자의 스피치를 듣는 시간이 있습니다. 3년 동안 활동과 방향은 조금씩 달라졌지만 변하지 않은 것은 각자가 가진 문제를 해결할 수 있는 기회를 지속적으로 제공하는 것이었습니다. 지금 회사는 상장을 목표로 하고 있으며 이미 미국 진출도 이루었습니다. 외식 매장도 세 개를 직접 오픈하며 샌프란시스코 지역까지 확장했습니다.

　모든 성과가 가능했던 이유는 속도를 줄이고 각자의 문제를 세밀하게 해결하는 데 집중했기 때문입니다. 회사의 방향성과 오늘 해결해야 할 세부적인 문제를 함께 다루며, 직원들 모두가 핵심적인 문화를 공유하게 된 것입니다. 이는 전 직원이 가져야 할 중요한 문화라고 생각합니다. 망원경과 돋보기를 함께 가진다면, 회사의 실력도 함께 성장하게 됩니다. 빠르게 변화하는 세상 속 이런 접근이 더욱 중요합니다.

　경영자가 역경을 이겨내는 세 가지 힘이 있다면 첫 번째는 해결하고자 하는 세상의 문제가 있어야 한다는 것입니다. 길이 멀고 험할지라도 반드시 그 문제를 해결하겠다는 강한 의지를 가지는 겁니다. 그것이 바로 '망원경'입니다. 그러나 아무리 명분이 분명하고 목표가 확고해도 고객이 선택하지 않을 수 있습니다. 그래서 두 번째, 디테일이 중요합니다. 품질, 비용, 속도 등 문제를 해결하려면 속도를 줄이고, 문제를 세분화하여, 매일매일 하나씩 해결해 나가는 데 집중해야 합니다.

　마지막 도구가 바로 신호등 시스템입니다. 이 시스템은 조직 내에서 경고 신호를 보내는 사람이나 지표를 파악하고, 중요한 순간에 '코드 레드'를 발령하는 것입니다. 지금 하고 있는 일이 시장의 관점에서 적절한지 파악하는 것이 중요합니다. 이를 경영 선배들은 '응급실 시스템'이라고 부릅니다. 병원에서 응급 상황이 발생하면 각 분야의 전문가들이 소환되고 최선을 다해 문제를 해결합니다. 마찬가지로 회사에서도 경영자가 '코드 레드'를 발령하여 전 부서를 점검할 수 있는 신호등 시스템이 필요합니다.

한때 전 세계에서 가장 많은 석탄을 생산하던 나라가 있었습니다. 이 나라의 광부들은 지하 3km, 경우에 따라서는 4.5km까지 내려가야 했습니다. 그들은 카나리아 한 마리를 데리고 내려갔습니다. 카나리아는 공기에 민감한 새로 공기 중 독소가 있으면 즉시 반응을 보입니다. 경영자가 응급 상황을 감지하는 시스템도 이와 같아야 합니다. 시장 변화와 환경 변화를 경영자가 빠르게 인지하고 대응할 수 있어야 한다는 것입니다. 경영자도 마찬가지입니다. 자신은 금방 해결할 수 있는 일을, 직원들은 3-4배가 걸릴 수도 있습니다. 그럴 때 경영자는 '카나리아'를 찾아야 합니다. 조직 내에서 경고 신호를 주는 사람 또는 지표, 특정 상황 무엇이든지 말입니다.

조직이 함께 나아가고 고객을 위해 최선을 다하고 있을 때 특정 영역에서 '카나리아 역할'을 해주는 사람이 있습니다. 그 신호를 무시하고 "뒤처지는 사람은 두고 가자" 라고 할 수만은 없습니다. 오히려 그 신호를 주는 사람이나 지표에 주목하고 필요하다면 응급실에서처럼 '코드 레드'를 발령해야 합니다. 많은 경우 신호를 보내는 사람은 조직 내 특정 인물일 때가 많습니다. 저도 열심히 일하는 스타일이라 밤을 새우며 일한 경험이 많습니다. 그러나 함께 가려면 조직의 '카나리아'가 누구 혹은 무엇인지 파악해야 합니다. 경영자는 이를 주목하고 필요할 때 그곳에 '코드 레드'를 걸어야 합니다. 가끔은 멈추고 조직을 돌아보고 또 자신을 돌아보는 시간이 필요합니다. 그렇게 해야 오래갈 수 있고 마치 광부가 갱도에서 나와 다음 날 다시 들어가듯 잠시 쉬어가며 더 나은 방향으로 나아갈 수 있습니다.

브랜드는 당신이 다른 사람들에 대해 이야기할 때가 아니라,
당신이 자리에 없을 때 사람들이 당신에 대해 이야기하는 방식이다.

제프 베조스(아마존 창업자),
Wired Business Conference, 2012

| PART 6 - 5 |

삶으로 가르치는 것만 남는다

어렸을 때 집은 초가집이었고 초가집 지붕에서 물이 떨어지면 흙바닥이었던 마당에 낙엽도 쌓이고 흙탕물이 모여서 하수구 쪽으로 흘러가는 것을 보며 마당에서 망중한을 즐겼습니다. 옥수수도 먹고 제가 제일 좋아하는 파전도 먹고 그렇게 보냈습니다.

어린 시절이 낭만적인 이야기처럼 들렸겠지만 사실 아버지가 밖에 나가셨다가 집에 오실 때면 술을 많이 드시고 오셨습니다. 그날은 저희 오남매는 건너방에 가서 조용히 공부하는 척을 하고 있어야 했습니다. 왜냐하면 그런 날 잘못 걸렸다가는 비 오는 날 먼지가 나도록 맞을 수 있었기 때문입니다. 건너방에서 아버지와 어머니가 싸우는 소리가 들리면 저희 오 남매는 고개를 숙이며 "왜 우리 집은 이럴까?", "우리 아빠는 왜 저럴까?", "남자들은 왜 저럴까?"라는 생각을 하곤 했습니다.

이 후 고등학생이 되면서 도시로 유학을 나왔습니다. 자취 생활을 하다가 교회 집사님들이 "너 집에 가서 제대로 밥을 먹고 지내고 있냐?" 라고 물어보시면서 자주 집으로 초대하셨습니다. 한 번, 두 번 가 보니 여러 집의 분위기와 문화를 경험할 수 있었습니다. 특히 기억에 남는 친구가 있는데 지금은 복지관 관장이 된 친구입니다. 그 친구의 아버지는 한전에 다니셨고 어머니는 집에서 자녀를 돌보셨습니다. 그 집에 가면 밥도 먹고 책도 읽으며 놀았습니다.

어느 날 그 친구의 매형이 집에 들어왔는데 그때까지 즐겁게 지내던 친구의 누님이 매형에게 "여보, 나 피곤해. 등 좀 주물러줘" 라고 말하는 모습을 보고 충격을 받았습니다. 제가 경험한 아버지와는 너무 다른 광경이었기 때문입니다. 그 집의 분위기와 자녀와의 관계, 대화하는 모습, 아빠의 영향력이 얼마나 큰지를 직접 경험했습니다. 가정이 화목하고 순기능적인 가정이 되기 위해서는 아빠의 역할이 얼마나 중요한지를 깨달았습니다. 다양한 가정에서 보고 배운 덕분에 나중에 제가 가장이 되었을 때 저희 아버지의 모습만을 떠올리지 않고 제가 경험한 여러 아버지들의 모습이 떠올랐습니다.

지금도 부부 갈등이 있거나 어려운 상황에 처한 사람들이 저를 찾아와 고민을 나누는 경우가 있습니다. 많은 사람들이 "아버지가 그랬기 때문에 어쩔 수 없어요" 또는 "어머니가 그랬기 때문에 이렇게 반응할 수밖에 없어요"라고 말합니다. 그럼에도 과거의 영향이 크겠지만 이제 내가 책임자인 상황에서 그 행동의 책임은 오로지 내가 져야 한다는 사실을 잊지 말아야 합니다.

책임자로서 과거의 상황이 영향을 미친 것은 사실이지만, 그 책임은 내가 져야 한다는 것입니다. 매출 10조 넘는 기업의 총수가 봉고차 말고 벤츠를 타고 싶지 않겠습니까? 그런데 봉고차 안에서 "요즘 애들은 잘 크냐"고 물을 수 있는 총수의 모습, 이런 모습이 조직 내에서 인재가 성장할 수 있는 유일한 방법입니다.

그래서 저는 두 가지를 지키려고 애쓰고 있습니다. 하나는 리더십 라운지입니다. 최근에는 여러 현장 상황으로 인해 한 달에 한두 번으로 수정했지만 매주 아침 8시부터 9시까지 '로빈이 전해주는 컨설턴트를 위한 성장버스'라는 이름으로 제 경험과 지식을 전수하는 시간을 가졌습니다. 8년 동안 계속해왔습니다.

제가 보는 관점과 경험한 리더십에 대한 이야기를 전달했습니다. 구성원들이 경험과 지식을 공유받으며 한 방향으로 정렬되는 것입니다. 어느 경영자가 직원이 "자기 마음을 몰라준다"고 이야기했다고 합니다. "직원들과 미팅하는 시간이 얼마나 되나요?"라고 물어봤더니 코로나로 인해 지난 3년 동안 한 번도 없었다고 하더군요. 전 직원이 3년 동안 만나서 소통할 일이 없는 조직이 어떻게 사장과 직원들이 한 방향으로 정렬될 수 있을까요? 그런 일은 일어나지 않습니다. 탁월한 회장들은 지금도 최소한 한 달에 한 번씩 온라인으로라도 경영자의 비전, 지식, 라이프스타일을 공유하려고 노력합니다. 또 다른 시간으로는 매주 목요일 저녁 6시부터 최대 9시까지 11명의 리더들과 모임을 갖고 있습니다. 이 모임을 '로빈 살롱'이라고 부릅니다. 제가 출장 중일 때를 제외하고는 저희 집으로 초대해서 함께 밥을 먹고 차를 마십니다. 핵심은 리더들과 직원들이 개인적인 관계를 맺고 있느냐는 것입니다. 직원들에게는 조직의 비전을 전달해야 하는데, 때로는 경영자를 향해 손가락질하는 직원들이 보이기도 합니다. 그렇기에 리더들과 별도의 자리를 만들어 리더십과 경영 철학을 전수하는 시간이 필요합니다.

이런 시간이 없다면, 어떻게 리더의 입장을 전달할 수 있겠습니까? 당연히 직원의 입장에서만 바라보게 되겠죠. 리더는 조율하는 역할이 아니라 경영자의 입장을 전하는 퍼실리테이터 역할을 해야 합니다. 그런데 왜 중재자 역할을 합니까? 리더들도 모르는 것이 많기 때문에 그렇습니다.

경영자는 어떻습니까? "내 마음을 알아주는 사람이 없네. 여기까지인가 보다" 라고 생각하게 됩니다. GE가 지금은 카테고리 챔피언이 되었지만 그들이 가진 크로톤빌 연수원에서는 C레벨과 주니어 레벨을 나눠서 회사가 가진 기술에 대해 1년에 400시간 이상 교육을 합니다. 대기업들은 그러한데 중소기업들은 그렇지 않습니다.

중소기업 비즈니스 형태가 작년과 올해가 다릅니다. 교육을 커리큘럼화하기 어렵습니다. 그리고 전문 교육자가 한 조직에 오래 있지 않습니다. 그들은 커리어를 위해 매출 1000억 이상의 기업으로 옮겨갑니다. 커리큘럼을 만들더라도 매번 적용하기 어렵습니다. 그렇기에 삶으로 가르치는 방법을 통해 교육해야 합니다. 리더십 살롱, 즉 소그룹 활동을 해야 합니다. 한 달이나 두 달에 한 번씩 살롱을 진행해 경영자와 별도의 관계를 맺는 것이 좋습니다.

전 직원과 소통하기위해 타운홀 미팅이라도 해야 합니다. 성과 발표만 하고 끝내는 것이 아니라 구성원 전체가 참여할 수 있는 자리가 필요합니다. 적어도 생일파티라도 해줘야합니다. 직원들 중 몇 명이라도 그들이 참여할 수 있는 문화를 만들어줘야 합니다. 성과만 중요한 것이 아니라 회사의 방향을 알려주는 흐름이 있어야 합니다. 이 배가 어디로 가는지 모르는 상태에서 선원을 판단할 수 없습니다.

이처럼 직원들도 결국 경영자를 보고 자랍니다. 경영자는 삶으로 모범을 보여야 합니다. 경영자가 보여주지 않으면 직원들도 절대 따라가지 않습니다. 가인지에서도 불행하고 답답한 사장 밑에서만 일하는 직원들은 결코 '비즈니스는 사랑이다'라는 말을 믿을 수 없습니다.

진정한 경영자라면 봉고차 두 대에 직원들을 태우고 시장 곳곳을 돌아다니며 끊임없이 대화를 시도하고, 명분을 내세워 비전을 전했던 그 사장님처럼 행동해야 합니다. 전 직원들에게 "나는 이런 생각을 가지고 있다"고 미친 듯이 외쳐야 합니다. 그렇게까지 해도 마음이 제대로 전달될까 말까 하는 것이 현실입니다.

사랑하는 경영자 여러분, 이런 노력조차 하지 않은 채로 직원들에게 "왜 내 마음을 몰라주지?", "커뮤니케이션이 안 돼", "아무도 내 입장을 대변해주지 않아"라고 말한다면, 그것은 앞뒤가 맞지 않는 이야기입니다. 마치 '뜨거운 아이스 아메리카노'처럼 말입니다.

진짜 경영이 행복할 때는 언제일까요? 솔직히 제가 지금 말씀드린 이 두 가지는 정말 정말 하기 싫은데 사업을 잘하려고 일부러 하고 있는 걸까요? 직원들을 한 번도 안 만나고, 리더들과도 식사하지 않으며, 업무 대행만으로 그냥 매출만 체크하는 그런 경영자가 행복할까요? 아니면 전 직원들과 늘 함께 이야기하는 문화가 있고, 특히 나와 오래 함께했던 책임자들과는 저녁에 모여서 식사라도 하며, 이런저런 아이 키우는 이야기라도 나눌 수 있는 그 사장님이 행복할까요? 결국에는 사랑하고 가르치는 것만 남습니다.

경영자로 살아가면서 제 주변에 있는 사람들이 저와 비슷해져 가는 모습을 볼 때, 어떨 때는 기분이 좋아지기도 하지만 때로는 두렵기도 합니다. 못하는 것도 많고 안 되는 부분도 많다 보니 그런 생각이 들기도 합니다. 인간이 언제 행복하냐는 연구를 보면 '내가 좋아하는 사람들과 좋아하는 일을 하면서 같은 방향을 바라보며 살아갈 때' 인간은 행복하다고 합니다. 삶으로 가르치며 전 직원들과의 소통을 기억해보길 권합니다. 특별히 리더들과의 소통을 계획하며 조직을 운영하며 꾸준히 달려간다면, 틀림없이 성과만 주고받는 보상적 관계가 아니라 삶을 공유하는 공동체적 관계가 될 줄로 믿습니다.

비즈니스란 결국 누군가의 문제를 해결하는 과정입니다.
사랑 없는 해결책은 오래가지 못합니다.

피터 드러커(Peter Drucker),
1973년 《Management: Tasks, Responsibilities, Practices》

| PART 6 - 6 |

열심히 일하던 그 직원은 왜 퇴사했을까?

저희도 1년에 여러명 퇴사합니다. 호랑이는 죽어서 가죽을 남기고, 직원은 회사에 리뷰를 남기죠. 나름대로 다른 회사를 가르치는 회사로서 "이 정도면 괜찮네" 라고 생각했습니다. 1.4점을 받아보기 전까지는 말입니다. 어느 날 그 리뷰를 1점대로 준 직원이 회사로 찾아오겠다고 했습니다. 모두가 그 사람이 어떤 의도로 오는지 대충 알았습니다. 인사차 방문한다고 했지만 듣자 하니 다른 회사에 취업하려는데 평판 조사 요청이 올 것 같으니 잘 이야기해달라는 뜻이었습니다.

어떻게 하면 실력 있는 직원들이 퇴사하지 않고 오랫동안 함께 근무할 수 있을지에 대한 물음은 어느 기업이든 계속됩니다. 지금까지 수십 개의 회사를 경험해왔습니다. 퇴사율이 적은 회사가 결국은 장기적으로 성공합니다. 급여가 높은 회사라도 직원 관리가 어려운 경우는 흔합니다. 인사팀장으로 근무하면서 실력 있는 직원들이 오랫동안 근무하고 회사 내에서 승진도 하고 중요한 역할을 맡는 환경을 만들려고 노력했습니다.

그때는 인사팀장이 신입사원 교육도 하고, 과장 승진자 교육, 기획자 과정, MD 과정, 영업 전문가 과정 등을 모두 진행하던 시절이었습니다. 그러던 어느 날, CHO라는 타이틀로 최고 인사 총괄 책임자 역할을 맡고 계신 분에게 이메일이 왔습니다.

"경민 씨, 내일 아침에 좀 볼까요?"

다음 날 아침 그분을 찾아가니 저에게 물으셨습니다.

"요즘 교육 뭐 하고 있어요?"

저는 미리 준비한 예산과 자료를 펼치며 "영업 과정은 이렇게 진행되고 있고, 기획자 과정은 이런 커리큘럼으로 운영 중입니다. 현재 만족도는 4.5점 정도입니다."라고 열심히 설명했습니다. 그런데 이상하게도 그분은 제 이야기에 별로 귀를 기울이지 않는 것 같았습니다. 설명을 하면서도 속으로는 '내가 지금 헛수고를 하고 있나?'라는 생각이 들었습니다.

그분은 몇 가지 질문을 하신 뒤, 오랫동안 잊지 못할 한마디를 해주셨습니다.

"실력 있는 사람들이 회사에 남게 하려면 어떻게 해야 하는지 아세요?"

그리고는 곧바로 이렇게 말씀하셨습니다.

"경민 씨, 실력 있는 사람이 퇴사하지 않게 하려면 실력 있는 사람들 속에 두어야 해요."

실력 있는 사람은 자신보다 더 뛰어난 사람들과 함께 일하는 '용광로' 속에 들어가고 싶어 합니다. 시쳇말로 사람들을 A급, B급, C급으로 나누던 때였습니다. 당시의 표현으로는, A급은 스스로 불타오르는 사람이고, B급은 다른 사람과 함께 불타오르는 사람이며, C급은 이미 타오르는 불도 꺼버리는 사람이라는 것이었죠. 그 이야기를 들으며 제 머릿속에도 여러 가지 생각이 떠올랐습니다. '나는 지금 실력 있는 사람들과 일하고 있는가?' '조직에 있는 탁월한 사람들은 자신과 비슷한 실력을 가진 사람들과 함께 일하고 있는가?'

현재 저는 수십 명의 컨설턴트와 함께하고 있습니다. 이 일을 시작한 지도 꽤 오래되었습니다. 처음에는 일주일에 3~4일씩 다양한 기업을 다니며 그 기업의 성장을 돕는 여러 가지 일을 했습니다. 비전 워크샵을 진행하기도 하고, 사회공헌 활동을 지원하고, 취업 규칙을 만들고, 대신 면접을 보기도 했습니다. 성과급 보상, 성과 관리, KPI 설정, 월간 미팅 등도 직접 수행했습니다.

혼자서 감당하기 어려워 사람을 2명, 3명씩, 때로는 5명, 6명씩 채용하기 시작했습니다. 그런데 문제가 생겼습니다. 현장에서 함께 일하는 연구원들이 저와 같은 수준으로 일해 주기를 기대하게 된 겁니다. 저는 이미 20년 차 컨설턴트였지만, 입사한 지 1~3년밖에 안 된 직원들에게 "왜 이걸 못 하느냐", "나 대신 이 정도는 해봐라" 하며 요구하다 보니, 일에 대한 불만과 갈등이 계속 쌓였습니다. 마음속에는 계속 이런 생각이 맴돌았습니다. "실력 있는 사람 어디 없나? 예전에 상무님이 '실력 있는 사람은 실력 있는 사람과 일하면 된다'라고 하셨는데, 왜 나는 그런 사람을 찾지 못하는 걸까?" 연봉도 올려 주었지만 결과는 비슷했습니다.

이런 고민 속에서 과거 CHO님이 해주셨던 말씀이 계속 떠올랐습니다. 그때는 미처 깊이 이해하지 못했지만, 시간이 흐르고 제가 직접 사람을 뽑고 팀을 꾸리다 보니 비로소 그 의미가 선명하게 다가왔습니다. 실력 있는 사람이 왜 조직을 떠나는지, 무엇이 진짜 문제였는지 조금씩 깨닫기 시작했습니다. 그때의 저는 함께 일하는 동료들에게서 저와 같은 수준의 업무 능력과 책임감을 기대하며 자꾸만 조급해졌고, 직원들은 그런 저의 기대와 압박 속에서 지쳐 갔던 것입니다. 결국 중요한 것은 실력 있는 사람을 찾는 것만큼이나 그들이 서로를 자극하며 함께 성장할 수 있도록 환경을 만들어 주는 일이었습니다.

이러한 시간들을 거치며 발견한 진리 중 하나는, A급 실력 있는 사람들이 조직에서 계속 일하도록 하려면 주변에 지적·정서적으로 서로 자극을 줄 수 있는 실력 있는 사람들을 모아 두어야 한다는 것입니다.

두 번째는 '시차'를 고려해야 한다는 점입니다.

옛날, 산골 마을에 어머니와 단둘이 사는 한 노총각 청년이 있었습니다. 청년은 효성이 지극하여 늘 어머니와 함께 살고자 했는데, 어느 날 어머니가 중병에 걸리고 말았습니다. 어머니가 앓아누워 고생하는 모습을 보며 청년은 지푸라기라도 잡는 심정으로 산신령께 기도를 드렸습니다. "산신령님, 어머니를 낫게 해줄 신령한 약초를 구하게 해주세요." 기도하던 어느 날 산신령이 나타나 청년에게 말했습니다. "저 뒷산에 가면 3년 묵은 도라지가 있다. 그 도라지를 가져다가 어머니께 드리면 병이 분명히 나을 것이다." 산신령은 이렇게 말하고 사라졌습니다. 해가 뜨자마자 청년은 산으로 올라가 도라지를 찾아 나섰습니다. '3년 묵은 도라지'를 찾으려고 매일 산을 뒤졌고, 오늘도 내일도 모레도 그렇게 꼬박 3년이 지났습니다. 결국 청년은 다시 정화수를 떠놓고 기도를 올렸습니다. "산신령님, 제가 3년

동안 찾았지만 도라지를 발견하지 못했습니다." 그 순간 산신령이 다시 나타나 청년에게 말했습니다. "3년 전에 내가 도라지를 심었더구나. 이제야말로 네 어머니의 생명을 구할 때가 되었다."

물론 이 이야기는 단지 산골 마을 청년의 이야기가 아닙니다. 현장에서 자주 겪게 되는 실제 경험과 매우 비슷합니다. 현장에서 자주 받는 요청들은 이렇습니다. "어느 기업 출신의 과장급 한 명만 소개해 주세요. 신입 말고요, 대리급 이상 실무 경험이 있는 사람이 필요합니다. 그 사람만 오면 이 문제가 해결될 겁니다." 또는 "어느 기업 출신의 공장장 한 명만 추천해 주세요. 그분만 오면 생산 문제가 해결될 겁니다."

하지만 항상 시차를 고려해야 합니다. 현장에서는 당장의 문제를 해결할 즉시 전력을 찾지만, 실제로는 최소 3년이라는 준비 기간이 필요합니다. 신입사원을 뽑아 3년을 키우면 그때야 비로소 대리급의 실무 능력을 갖추게 되고, 지금 대리급을 뽑아 3년을 키우면 과장급 혹은 팀장급으로 성장하게 됩니다. 만약 지금 당장 부장급이나 본부장이 필요하다면, 현재 과장급을 뽑아서 최소 3년 동안 키워낼 계획을 세워야 합니다. 그런데 현실적으로 조직 내에서는 이러한 장기적인 관점과 계획이 잘 이루어지지 않습니다.

경영자들은 단기간에 성과를 내는 사람을 찾기에 급급해 장기적 관점을 잊곤 합니다. 그러나 실제 현장에서 일하며 느낀 것은, 조직이 훌륭한 인재를 확보하고 유지하려면 준비된 환경, 즉 '토양'이 매우 중요하다는 점입니다.

중국에는 "남귤북지(南橘北枳)"라는 표현이 있습니다. 씨앗은 같아도, 귤이 남쪽에서는 달콤한 귤이 되지만 북쪽으로 옮겨 심으면 탱자가 된다는 뜻입니다. 문제는 씨앗이 아니라 씨앗을 키우는 토양이라는 말입니다. 사업을 하며 제가 깨달은 것은 객관적인 분석보다 중요한 것이 바로 이 '환경'이라는 점이었습니다. 사람을 뽑고 나면 일단 "좋은 씨앗이다"라는 믿음을 가지고 최소 3년 단위로 키우겠다는 마음가짐이 필요합니다.

과거 패션 매장을 지원하는 전략을 수립할 때 경험한 일이 생각납니다. 당시 방문했던 매장은 인력 부족으로 판매 기회를 놓쳐 매출이 크게 감소한 상황이었습니다. 매장을 찾은 고객이 실제 구매로 이어지는 비율(구매 전환율)이 95% 정도 되어야 하는데, 그때 매장의 구매 전환율은 겨우 17%였습니다. "아르바이트 인력을 좀 더 충원하고 시급을 약간만 올려서라도 우수한 인재를 뽑으면 판매 기회 손실이 크게 줄지 않을까요?" 그러자 현장의 매장 실장님은 이렇게 대답하셨습니다. "실장님, 매장은 저렴한 인력을 뽑아 운영하는 게 기본이에요. 이 방식이 훨씬 효율적입니다. 오래 해봐서 압니다." 저는 다시 한번 강조했습니다. "인재 경영의 가치를 잘 아시지 않습니까? 중요한 순간에는 반드시 특별한 능력을 가진 사람이 필요합니다. 값비싼 인재일수록 그 역량을 발휘할 수 있는 환경과 지원을 충분히 제공해야 합니다. 그렇지 않으면 아무리 뛰어난 인재라도 오래가지 못합니다."

저 역시 조직을 이끌면서 컨설팅 일을 마친 후 직원들에게 많은 피드백을 줬습니다. 제 딴에는 좋은 의도로 자주 물었습니다.

"왜 그렇게 했어? 어떤 이유로 그렇게 했지?", "제대로 하려면 이렇게 해야지!" 하지만 이런 피드백이 반복되자 직원들은 점점 지쳐갔고, 결국 오래 버티지 못하고 떠났습니다. "너무 힘들어서 더 이상 못 버티겠다"는 이야기도 들었습니다.

그때 깨달았습니다. 사람을 성장시키고 조직을 키우는 데 있어 가장 중요한 건, 단지 능력 있는 인재를 모으는 것만큼이나 시차를 고려한 환경과 지속적인 믿음이 필요하다는 점이었습니다.

"실력 있는 사람은 실력 있는 사람 속에 있어야 한다"고 했던 CHO님의 말을 떠올리며, 그 실력을 키워줄 수 있는 환경과 '시차'를 고려한 인재 육성의 중요성을 다시 한 번 깊이 깨닫게 되었습니다.

세 번째로 중요한 것은 '3년의 영광'을 기억해야 한다는 점입니다.

앞서 말씀드렸던 '도라지 이야기'에 이어, 인재 육성에서도 '3년의 영광'이 필요하다는 것입니다. 코로나19 이후 지금은 개인의 권력이 조직의 권력보다 훨씬 강해진 시대를 살고 있습니다. 한 조직에 사람들이 들어오면 "팀장, 부서장, 본부장이 되어 리더십을 발휘해보겠다"는 생각보다는, "지금 하고 있는 직무에서 성과를 내고, 조직을 옮기더라도 이 전문성을 유지하며 성장하고 싶다"는 생각을 합니다.

마케터라면 현재의 직무에서 성과를 쌓고, 다른 조직으로 이동하더라도 그 전문성을 이어가고 싶습니다. 생산 전문가라면 식품을 담당하든, 화장품 분야를 맡든, 생산 전문가로서의 역량과 경력을 유지하길 원합니다. 물론 지금의 회사에서 팀장이나 본부장이 되면 좋겠지만, 설령 퇴사하더라도 현재의 직무 역량을 그대로 들고 다른 곳으로 옮겨 연봉과 커리어를 높이고자 합니다. 이것이 바람직한지에 대해서는 의견이 나뉘겠지만 현재의 흐름이 분명히 그렇습니다.

이런 흐름을 두고 어떤 사람들은 '개인화의 시대' 혹은 '호명 사회'라고 부릅니다. 또 어떤 사람들은 의도적으로 조용히 자신의 전문성만 강화하고, 굳이 사내에서 인간관계를 넓히고 싶지 않다고도 말합니다. 이는 시대의 흐름이기에 경영자가 "그건 틀렸다"고 비판할 필요는 없습니다. 오히려 현재 직장 생활의 현실을 정확하게 이해해야 합니다.

중소기업의 경우 1년 차 퇴사율이 평균적으로 34%가 넘습니다. 피부로 느끼기엔 더 높아, 1~2년 내 퇴사하는 직원이 50%가 넘는 경우도 많습니다. 두 사람이 입사하면 한 사람은 1년도 버티지 못하고 나가는 것이 현실입니다. 이러한 현실을 볼 때, 다시 한 번 '3년'이라는 시차를 기억할 필요가 있습니다. 6년이라는 긴 기간을 바라보는 것은 현실적으로 매우 어렵습니다. 40대, 50대가 넘으신 분들은 "3년은 당연히 참고 견뎌야 하는 기간 아닌가?"라고 생각하실지 모르겠습니다. 그러나 지금은 시대의 변화와 기술 발달이 너무 빠르기 때문에, 하나의 직무에서 전문성을 확보하기 위해 6년이나 투자하는 것은 현실적으로 와닿지 않습니다. 그래서 그 기간을 절반으로 줄여 최소 3년의 성과와 전문성을 누릴 수 있도록 조직 시스템을 구축하는 것이 필요합니다.

회사가 직무를 3년 단위로 구성하고, 그 안에서 성취 경험과 성장을 충분히 제공해준다면 직원들은 막연하게 긴 기간에 지쳐 포기하는 것이 아니라, "이 정도면 내가 도전해볼 만하다"는 마음이 듭니다. 과거에는 "고

진감래(苦盡甘來)", "멸사봉공(滅私奉公)" 같은 말로 회사에 헌신하고 잘 참으면 회사가 알아줄 것이라는 믿음이 있었지만, IMF 외환위기, 리먼 브라더스 사태, 코로나19 등 사회적 격변기를 겪으면서 그런 믿음조차 사라졌습니다.

과거 45세 이상 분들은 직장 생활을 평균 30년 정도로 봤습니다. 지금 20대 분들에게 직장 생활 기간을 물으면 "약 50년 정도"라고 답하는 경우가 많습니다. 30세에 일을 시작해 70대 중반까지 일할 것으로 예상합니다. 여성의 경우, 20대 중반부터 70대 후반까지 일하는 것으로 계획을 세우는 경우가 많습니다. 남성에 비해 여성들이 일찍 시작하고 더 오래 일하다 보니 사회생활 기간이 약 10년 이상 차이 납니다. 과거 30년의 직장 생활은 한 가지 직무 커리어, 즉 직무개발계획(CDP)이 전부였습니다. 특정 분야의 전문가를 목표로 삼았죠. 그러나 지금, 최소한 20~30대들에게는 하나의 직무가 아닌 '직무 포트폴리오'가 있습니다. 여러 직무를 경험하면서 유연하게 피보팅(pivoting)하는 구조로 가고 있습니다. 이제는 특정 업계에서 시작했다고 해서 50대, 60대까지 같은 일을 계속하겠다는 생각 자체가 점점 사라지고 있습니다.

그러므로 회사 역시 평생직장이나 10년 이상의 장기 설계를 제안하는 것이 현실적이지 않습니다. 직원들에게 3년간의 구체적인 성취와 영광을 누릴 수 있는 계획을 제시해야 합니다. 이곳에서 3년 동안 성취감을 경험하고 나면, 다음 3년도 자연스럽게 고민하게 됩니다. 우리나라 사람들은 일반적으로 타 기업에서 25% 정도 연봉을 더 제시하면 그쪽으로 이동하려는 경향이 있습니다. 조직이 우수한 인재를 붙잡기 위해서는, '이곳에서

3년을 보내면 연봉이 지금보다 약 25% 정도 더 오를 것'이라는 기대감을 갖도록 만드는 것이 현실적인 전략입니다.

제가 만난 경영자들 중 그 누구도 "직원을 그냥 많이 뽑아보고, 퇴사하면 어쩔 수 없고 회사만 남으면 된다"고 생각하는 분은 없었습니다. 모두 어떻게 하면 사람을 성장시키고 함께 이야기하고 협력할 수 있을지 고민합니다. 다만, 어떤 방식으로 실천해야 할지 막연히 어려워하는 분들이 많습니다.

사람에 대한 투자는 펀드 투자나 과학적 투자와는 다르게 접근해야 합니다. 현장에서 중소기업을 직접 경험하며 깨달은 것은 결국 이 세 가지가 중요하다는 점입니다.

첫 번째는 실력 있는 사람을 붙잡기 위한 환경의 중요성입니다. 실력 있는 인재들이 조직에 머물게 하려면 그들 주변에 지적·정서적으로 자극을 줄 수 있는 탁월한 사람들이 함께 있어야 합니다. 사람의 탁월함은 객관적인 지표로만 판단할 수 있는 것이 아닙니다. 결국 주변 사람들이 그 사람을 어떻게 바라보고 해석하느냐에 따라, 그 사람이 탁월한 사람이 될 수도 있고 아닐 수도 있습니다. 사람을 평가할 때는 객관적인 지표 이상으로 그 사람을 바라보는 주변의 해석과 의견에 주의를 기울여야 합니다.

두 번째는 사람을 배치했을 때 시차를 고려해야 한다는 점입니다.

어떤 문제를 해결하기 위해 사람을 배치했다고 하더라도 당장 성과가 나지 않을 수 있습니다. 신입사원이 실무를 제대로 하려면 3년 정도는 기다려야 하고, 3년 차 실무자가 진정한 리더로 성장하는 데에도 다시 3년이 필요합니다. 중요한 것은 사람을 뽑고 배치한 뒤에 곧바로 성과를 요구하는 것이 아니라 최소한 '3년 단위'의 시차를 두고 성장할 수 있도록 기다리며, 지속적으로 관심과 투자를 해 주는 것입니다. 3년이라는 시간을 버티며 성과를 낸 직원에게는 특별한 보상과 차별적인 혜택을 줄 수 있어야 합니다. 예를 들어 성취를 담은 액자를 제작해 집에 가져가도록 하거나, 그 직원의 성과를 사업화해 특별히 포상해주거나, 책상이나 근무 환경에 있어서 눈에 띄는 차별화된 혜택을 제공하는 것도 좋은 방법입니다. "우리 회사는 열심히 일하는 사람들을 인정하는 회사다"라는 이미지를 주는 것이 매우 중요합니다. 또한 때로는 블라인드 앱 같은 곳에서 직원들의 평가와 의견에 귀를 기울이고 그것을 인정하고 반영하려는 태도도 필요합니다. 그렇게 해야만 직원들이 회사를 믿고, 애정을 가지고 일할 수 있습니다.

두 번째와 연결하여 마지막으로 강조하고 싶은 것은, 결정적인 순간에 흔들리지 않고 '지속 가능한 방법'을 통해 문제를 해결해 가는 것입니다.

경영을 하다 보면 숱하게 중요한 결정을 내리게 됩니다. 문제를 해결하기 위해 사람을 채용하고 배치했을 때, 초기에 바로 성과가 나오지 않더라도 흔들리지 않고 그 사람을 꾸준히 믿고 지원해야 합니다. 조직은 결국 새로운 방식으로 지속 가능한 해결책을 찾아 나가는 과정입니다. 눈앞의 성과나 단기적 결과에 일희일비하지 않고, 장기적으로 신뢰하고 기다려줄 때 조직은 진정한 성장을 이루게 됩니다.

BUSINESS
Is LOVE

부록

조직운영을 위한 21가지 조언

비즈니스 세계에서 가장 위험한 말은
'우리는 늘 이렇게 해왔다'이다.

그레이스 호퍼(Grace Hopper, 미국 해군 제독이자 컴퓨터 과학자),
1987년 인터뷰 중

1

조직운영을 위한
21가지 조언

**결정을 내릴 때 기준은 회사의 핵심 가치와
미션에 부합하는지가 우선입니다.
누가 맞냐를 따지기 보다
방향성에 맞는지를 보는 것입니다.**

① 회사가 표방하는 가치나 미션은 단순한 구호가 아니라, 실제 경영 의사결정의 나침반 역할을 해야 합니다.

② 단기 이익을 위해 핵심 가치를 훼손하면, 장기적으로 조직의 신뢰와 브랜드가 손상됩니다.

③ "이 결정이 실제로 고객과 직원, 그리고 사회에 긍정적인 기여를 하는가?" 를 먼저 자문해 보세요. 예를 들어 '정직'이 핵심 가치라면, 매출 증대를 위해 불투명한 계약을 진행하지 않겠다는 명확한 기준이 있어야 합니다.

④ 경영진과 실무자 간 거리가 가까운 중소기업일수록, 가치관에 어긋나는 결정은 즉각적으로 조직문화를 훼손하기 쉽습니다.

⑤ 구성원들이 "우리 회사는 어떤 길을 가고 있는가"를 명확히 이해할수록, 업무 몰입도와 성과가 함께 높아집니다.

⑥ 가치와 미션을 지키기 어려운 상황이 온다면, 잠시 멈추고 대안을 찾는 결단이 필요합니다.

⑦ 단순히 KPI 달성만을 중시하기보다, "왜 이 KPI가 필요한가"라는 목적의식을 끊임없이 공유해 주세요.

⑧ 전체 조직이 같은 방향을 바라볼 때, 예측 불가능한 시장 상황에서도 흔들림 없는 추진력을 갖게 됩니다.

⑨ 결국 경영자의 의사결정 속에 녹아 든 핵심 가치가 기업의 지속 가능성을 뒷받침합니다.

2

조직은 사람이 직업 보고 배우는 공간입니다.
리더의 행동은 조직이라는 무대 위에
배우의 모습과도 같습니다.
그래서 리더의 모든 행동은 구성원들에게
보여지는 메시지입니다.

① 사람은 지시 받아서 움직이기보다는, 실제 사례를 보고 체득할 때 더 깊이 배우게 됩니다.
② 경영자는 조직 구성원에게 보여줄 언행이 일관되고 모범적이어야 합니다.
③ 현장 실무자들과의 면담, 회의, 업무 지시 방식 등 모든 작은 행동이 '우리 리더는 어떻게 일하는가'를 비추는 거울이 됩니다. 예를 들어 야근이 많아 힘들어하는 팀원에게 "열심히 하라"는 말만 반복하기보다, 경영진이 먼저 불필요한 프로세스를 개선하거나 업무 우선순위를 조정하는 실천이 중요합니다.

④ 경영자가 직접 현장에 나가 생산 라인 문제를 점검하고, 영업팀이 겪는 애로사항을 구체적으로 파악하는 모습은 구성원에게 큰 신뢰를 줍니다.

⑤ 중소기업은 규모가 상대적으로 작기에, 리더의 작은 행동은 즉각적으로 조직문화에 반영됩니다.

⑥ 언행 불일치가 발생하면, 팀원들은 '이 회사가 진짜로 지향하는 가치가 무엇인가'에 대해 혼란을 겪게 됩니다.

⑦ '사랑과 섬김'은 말로 설명하기보다, 리더가 일상에서 먼저 보여줄 때 그 모습은 그대로 구성원들에게 확산됩니다.

⑧ 작은 일 하나라도 리더가 직접 고민하고 움직이는 모습을 보이면, 구성원도 어려움이 있을 때 적극적으로 건의하고 해결 방안을 찾습니다.

⑨ 상명하복보다는 '함께 문제를 해결한다'는 태도가 기업의 혁신 문화를 만듭니다.

⑩ 경영진의 관심과 참여가 없는 기업에서는 변화 추진력이 떨어지고, 직원들의 사기도 하락하기 쉽습니다. 리더가 먼저 보여주는 모델링이 조직 경쟁력의 근간입니다.

3

기업은 고객을 향한 섬김과 인내를 통해
양적, 질적 그리고 점진적으로
성장하는 조직입니다.
한꺼번에 성장하는 법이 거의 없습니다.

① 큰 성과나 혁신은 단번에 이루어지기 어렵습니다. 매일같이 구성원을 지원하고, 그 변화가 자리 잡을 때까지 기다려 주는 노력이 필요합니다.

② 중소·중견기업에서 인재를 영입하는 것만큼 중요한 것은, 이미 있는 인재를 오랫동안 함께 성장시키는 것입니다.

③ 구성원이 학습하고 시도하면서 시행착오를 겪는 과정을 '실패'로 단정 짓지 않고, 발전의 발판으로 삼는 문화가 바람직합니다.

④ "당장 성과가 안 나면 어쩌지?"라는 조급함 때문에 팀원들을 자주 교체하거나 과도한 압박을 주면, 장기적으로 회사가 손해를 봅니다.

⑤ 섬김은 직원 개개인의 역량을 존중하고, 필요한 자원을 적절히 제공하는 것에서 시작됩니다.

⑥ 인내는 부진해 보이는 업무나 동료의 학습 속도를 기다려주는 태도입니다.
⑦ 서로 다른 부서, 다른 스타일의 임직원들이 협력해 나가려면, '시간을 두고 바라보는 관점'이 필수입니다.
⑧ 유연한 사고방식으로 구성원을 대할 때, 오히려 더 창의적인 아이디어와 자기주도적 실행이 가능합니다.
⑨ 경영자가 인내심을 갖고 조직문화를 정착시킬 때, 자연스러운 학습과 성장이 뒤따르게 됩니다.
⑩ 순간적인 성과보다 사람의 잠재력을 믿고 기다려주는 기업이 결과적으로 더 튼튼한 인적 자산을 얻게 됩니다.
⑪ 섬김과 인내가 결합되면, 조직 구성원은 "나를 진심으로 믿어주고 기다려주는 곳"이라 느껴 책임감과 소속감이 높아집니다.

4

실패는 과정일 뿐 방향이 맞다면
계속 전진해야 합니다.
멈추는 것, 그 자체 외에는
어떤 것도 최종적 실패가 아닙니다.
하지만 다시 전진할 때는 실패를 교훈삼아
새로운 방식으로 도전해야 합니다.

① 중소기업은 한정된 자원으로 신속히 대응해야 하는 경우가 많기에, 시도와 실패가 필수적인 과정입니다.
② 실패를 거치지 않고 혁신에 성공하는 사례는 매우 드뭅니다.
③ 실패를 경험한 인재를 곧바로 배제하기보다, 그 과정에서 얻은 지식과 교훈을 조직적 지식이 되게 하고 재도전의 도약으로 삼아야 합니다.
④ 부서 차원의 작은 시도라도, 제대로 정리하고 공유하면 전체의 학습 자산이 될 수 있습니다. 새로운 온라인 판매 채널을 시도했지만 매출이 기대 이하였을 때, 그 원인을 분석해 재설계할 시간이 있어야 합니다.
⑤ '이 직원은 안 되겠다'가 아니라, '다음 기회에는 무엇을 보완할까?'라는 시각이 긍정적 조직문화를 형성합니다.

⑥ 경영자가 "실패해도 괜찮다. 중요한 것은 빠른 피드백과 개선"이라는 메시지를 지속적으로 전달하면, 구성원들은 창의적 발상을 두려워하지 않게 됩니다.

⑦ 실패는 잠시 주춤하게 만들지만, 이를 잘 활용하면 조직 역량을 키우는 자양분과 발판이 됩니다.

⑧ 시장 상황이 급변하는 시대에, '도전과 학습'은 기업 지속성장의 핵심 동력입니다.

⑨ 조직 전체가 한 번의 실패로 위축되지 않도록, 리더가 든든한 버팀목이 되어 주는 태도가 필요합니다.

5

핵심 가치나 목표와 무관한
사소한 문제는 가볍게 다룹니다.
무단횡단 했다고
총들고 쫓아오는 경찰은 없습니다.
본질에 집중하면 조직은 유연해집니다.

① 회사 운영에서 모든 사안을 똑같이 중요하게 다루면, 정작 큰 목표를 달성하기 위한 에너지가 분산됩니다.
② 본질과 핵심은 반드시 지키되, 작은 절차나 규정에 대해서는 상황에 맞게 유연하게 대응해도 좋습니다.
③ 사소한 규칙 위반이나 업무 스타일 차이에 대해 과도하게 지적하면, 구성원들은 창의력을 잃을 수 있습니다. 12시 점심 시간을 엄격하게 강제하기보다, 팀별로 서로 합의된 범위 안에서 유연하게 적용할 수도 있습니다.
④ "이건 우리의 미션과 직결된 문제인가?"라는 질문을 통해 우선순위를 조정해 봅시다.

⑤ 사소한 일에 대한 지나친 통제는 경직된 문화를 낳아, 직원들의 자율성과 동기부여를 떨어뜨립니다.

⑥ 다만, 핵심 가치(정직, 품질, 안전 등)나 법·윤리적 문제는 절대 타협해서는 안 됩니다.

⑦ 경영자의 중요한 역할 중 하나는 "이건 꼭 지켜야 한다"와 "융통성 있게 넘겨도 좋다"를 구분하는 일입니다.

⑧ 본질을 놓치지 않는 동시에, 팀원들의 실험적 시도와 '대승적 관점의 양보'를 장려하면 조직이 한결 유연해집니다.

⑨ 중소기업은 물리적으로 가깝고 칸막이가 적어서 빠르게 조정하기에 유리합니다. 이를 적극 활용하시기 바랍니다.

⑩ 고객 응대나 신제품 개발처럼 핵심 과업에 집중할 때, 직원들은 자신들의 역량을 더 가치 있는 곳에 쏟아부을 수 있습니다.

⑪ '본질 지향' 문화가 팀워크와 업무 효율을 함께 높여 조직 성과를 극대화합니다.

6

리더가 구성원의 시간과 노력을
존중하고 아껴주면
구성원들은 그것을 재생산하고,
결국 고객에게 흐릅니다.
리더의 사랑과 섬김은
가장 강력한 리더십입니다.

① 비즈니스의 본질은 고객을 사랑하는 것이고 경영의 본질은 직원을 섬겨 그를 성공시켜 주는 것입니다.
② 섬김이라는 말은 직원의 가치를 존중하고, 조직 내에서 소외감을 느끼지 않도록 배려하는 태도를 의미합니다.
③ 섬김은 구성원이 필요한 자원을 제공받고, 역량을 펼칠 수 있도록 지원하는 리더십 행위입니다.
④ 중소기업의 경우, 인재 한 명이 전체 매출과 성과에 미치는 영향이 매우 크므로, 개인의 성장을 적극적으로 돕는 문화가 필요합니다.
⑤ 구성원들이 "나를 진심으로 배려하고 지원해주는 회사"라고 느끼면, 이직률이 낮아지고 애사심이 높아집니다. 구성원들의 장기 근무는 지적 자산의 축적으로 이어지도 경쟁력 있는 조직으로 발전합니다.

⑥ 단지 복지 제도나 급여 인상만이 아니라, 마음을 돌보는 접근도 함께 하는 것입니다.

⑦ 서로 간에 '네가 있어야 내가 존재한다'는 인식을 공유하면, 협업 효율도 자연스럽게 상승합니다.

⑧ 서로가 서로에게 피드백을 주고, 성장 기회를 열어주는 분위기에서 강력한 시너지가 발휘됩니다.

⑨ 사랑과 섬김은 고객과 협력사 관계에서도 동일하게 적용 가능합니다. '우리와 함께하면 성장할 수 있다'는 이미지를 심어주면 관계가 장기화됩니다.

⑩ 구성원과 외부 이해관계자 모두 '정성과 진정성'을 느끼게 되면, 기업 평판과 브랜드 가치가 한층 올라갑니다.

⑪ 사랑과 섬김의 조직은 문제 발생 시에도 협력하여 해결하는 속도가 빠르고, 갈등의 골이 깊어지지 않습니다.

⑫ 동료와 구성원이 변화하고 성장하는 것을 기다려주고 함께 하는 것이 인재경영의 기본적인 리더십입니다.

7

리더십은 말이나 구호, 멋진 액자가 아니라
리더가 무엇에 기뻐하고 무엇에 분노하며,
어떤 일에 박수를 쳐주는 가에 달려 있습니다.

① 리더십은 멋진 선언과 구호로 구현되는 것이 아닙니다. 실제로 눈에 보이는 것이 진짜 리더십입니다.
② 원온원 미팅이나 수시로 서로의 상황을 공유하고 각자의 문제를 해결하는 과정을 빠르게 추진해 주는 것입니다.
③ 미팅에서 팀원들이 의견을 낼 때, 리더가 진지하게 경청하고 이를 실행 방안으로 연결해 주면 조직 내 심리적 안전감이 생깁니다.
④ 리더가 무엇인가를 중요하다고 했다면 그것을 반복 가능한 행동으로 표현해야 진짜로 간주됩니다.

⑤ 의외로 리더의 사소한 도움이 구성원에게 큰 도움이 되는 경우가 많습니다.

⑥ '잘하라고 말하는 것'과 '잘하도록 여건을 마련해 주는 것'의 차이는 결과적으로 매우 큽니다.

⑦ 짧은 의사결정 라인을 유지하고 있어야 작은 기업의 강점인 스피드를 유지하고 민첩함을 가질 수 있습니다.

⑧ 중요한 점은 형식적인 지원이 아니라 "우리 리더가 정말 내 문제를 관심 있게 보고 있구나"라는 진정성을 전달하는 것입니다.

⑨ 신뢰는 무엇인가를 하기 위한 전제조건이 아니라 리더의 일관성 있는 행동의 결과로 얻어지는 열매입니다.

⑩ 리더십은 "내가 리더로서 당신을 지켜줄 테니, 함께 성장해 보자"라는 구체적인 약속이자 행동입니다.

8

조직 가치는 일상적인 업무와 생활에서 드러납니다.
고객 중심이라고 하면서 회의 시간에 고객을 원망하는 대화를 하는 것은 넌센스입니다.

① 헌신은 회사가 강제로 시켜서 되는 일이 아니라, 직원 스스로 '이 회사에서 함께 가고 싶다'고 느낄 때 자연스럽게 생깁니다.
② 먼저 본 사람이 실행하고 불편한 사람이 개선하는 것입니다.
③ 일상화된 헌신은 사소해 보이지만, '업무 자료 공유 폴더를 자동으로 정리해두기', '바쁜 동료 대신 약속 시간을 잡아주기' 같은 것들입니다.
④ 경영자는 이런 작은 헌신을 격려하고 공유 가치와 연결하여 해석하고 지지와 격려를 해 주는 것입니다.

⑤ 헌신이 확산되는 것은 아주 오랜 시간이 걸리는 일입니다. 선도적인 헌신자들에 대한 격려와 지속적인 옹호가 그들을 지치지 않게 하는 필수 요소입니다.

⑥ 좋은 조직문화는 어떤 이벤트 하나로 완성되지 않습니다. 매일 반복되는 소소한 '배려와 기여'가 쌓여야 합니다.

⑦ 팀원 간에 "이 일은 내가 맡겠습니다"라는 말이 자주 나오는 것입니다. 귀찮은 일일 수록 리더들이 직급의 무게와 상관없이 사소한 일이라도 얼른 맡아서 본을 보이는 것이 좋습니다.

⑧ "이 일이 성공하면 나도, 팀도, 회사도 함께 발전한다"라는 인식이 퍼질 때, 헌신은 일상이 됩니다.

⑨ 지나친 분업은 조직내 사일로 현상을 부추기고 그레이존과 변화된 과업에 대한 협업을 방해합니다. 역할을 나누되 고객 관점에서 협업이 장려되어야 합니다.

⑩ 상대비교에 따른 평가보다는 달성형 보상 제도나 스몰 윈(Small Win) 축하 문화 등도 자발적 헌신을 고취하는 좋은 방법입니다.

⑪ 우리가 어머니에게 순종하는 것은 어머니의 탁월함이 아니라 헌신이었던 것처럼 조직의 리더십은 탁월함과 더불어 섬김이 필수적입니다.

9

있는 그대로의 사실로 소통해야 합니다.
두려움이 있는 조직은 실수와 실패를 감추고,
그것은 조직의 개선 기회를 잃는 것입니다.

① 작게 시작하고 빠르게 실패하며 제대로 개선하는 것이 비즈니스의 대원칙입니다.
② 옳은 실패를 장려하고 발전적 피드백을 해 가는 문화가 조직을 경쟁력 게 만듭니다.
③ 성취는 재생산과 확산의 기반으로 만들고, 같은 실패가 반복되지 않도록 조직 전체의 Lab문화를 확산하는 것이 중요합니다.
④ 한 번 실패한 직원이 재기할 수 있도록 정서적으로도 감싸주고 응원하는 것이 심리적 안전감입니다.

⑤ 조직내에 과할 정도의 격려문화를 만들어야 평가중심인 한국의 기업 문화를 변화할 수 있습니다.

⑥ "이 정도 일은 누구나 하는 것"이라는 식으로 성과를 폄하하면, 회사 내부에 냉소적인 기운이 쌓이게 됩니다.

⑦ 물론 실패를 방치해서는 안 되지만, 그 원인을 함께 분석하고 재발방지 대책을 세우는 과정에서 직원은 많은 것을 학습합니다.

⑧ 작은 성과에도 적절한 보상(금전적, 비금전적 모두 가능)을 제공하면, 직원들은 회사가 '나를 진정으로 인정해 주는구나'라고 느낍니다.

⑨ 중소기업은 의사결정 권한이 집중된 경우가 많기에, 경영자의 인정이 곧 사기 진작의 핵심 키가 됩니다.

⑩ '잘할 때와 못할 때' 각각의 상황에 맞는 적절한 커뮤니케이션이 이뤄질 때, 조직 내 신뢰가 더욱 공고해집니다.

10

**리더가 부족함을 노출하고
도움을 요청할 때 구성원의 헌신이 커집니다.
리더가 자신의 부족한 영역을 학습하고
부족한 것으로 봉사할 때 구성원은 감동합니다.**

① 중소기업은 대기업에 비해 예산이나 인력이 제한적이므로, 타인을 돕는 데에도 제한이 많을 수 있습니다. 그러나 오히려 이런 상황에서 작은 도움과 관심이 더 큰 감동을 만들어 냅니다.

② 예산이 빠듯해도 사소한 간식이나 배려를 제공하는 것, 리더가 바쁜 중에 일부러 사무실로 와서 생일을 축하 해 주는 것, 바쁜 현장에서 먼저 들어가서 쉬게 해 주는 것입니다.

③ 신입사원 멘토링, 리더십 교육, 친절한 업무 인계인수, 현장 상황 공유 등은 부족한 상황에서 돕는 중요한 요소들입니다.

④ 서로의 일손을 돕거나, 아이디어가 필요한 동료에게 조언하는 등 사소한 지원이야말로 팀 전체 협업을 강화합니다.
⑤ 부족한 자원 탓에 '각자도생'의 태도로 일하면, 조직의 장기 발전 가능성은 급격히 낮아집니다.
⑥ 경영자는 "함께 극복하자"는 메시지를 주기적으로 전달하고, 실제로 필요한 지원책을 실행해 보세요.
⑦ 서로를 돕는 문화가 정착되면, 신제품 개발이나 긴급 프로젝트에도 부서 간 칸막이 없이 탄력적으로 움직일 수 있습니다.
⑧ 고객사나 파트너사도 같은 맥락으로 대하면, '함께 성장할 수 있는 믿음직한 기업'이라는 평판을 얻게 됩니다.
⑨ 자신이 애써 얻은 자신의 업무 노하우를 공유하고 전수하는 것은 가장 큰 섬김이 됩니다.
⑩ 조직 내의 이런 문화는 내부에서 끝나지 않고, 거래처나 소비자들에게도 고스란히 전해져 브랜드 신뢰로 이어집니다.

11

듣고 이해하는 것으로는 부족합니다. 직접 실행하고 피드백 할 때 실력이 늘어납니다.

① 교육, 세미나, 강의 등을 통해 다양한 정보를 접해도, 실행하지 않으면 사라진다. 백문이 불여일견이라는 말보다 백견이 불여일행이 더 중요합니다.

② 신규 영업 전략을 교육받았다면, 실제 고객 미팅에 동행하거나 협상 테이블에 참여해보는 경험이 필수입니다.

③ 실패 가능성을 두려워하기보다, 70% 정도 가능성을 발견했다면 작은 범위에서라도 시도해보고 결과를 피드백받으면 성장 속도가 빨라집니다.

④ 리더는 완벽함을 추구하지 말고 "배운 내용을 실무에 적용할 수 있는 프로젝트나 과제"를 부여함으로써 그가 성장하길 기대해야 합니다.

⑤ 실행하는 사람이 이 일을 왜 하는지, 어떤 결과물을 얻어야 하는지, 그리고 어떤 방법으로 해야 하는지를 알아가는 포인트를 가지고 실행해야 실력이 늘어납니다.

⑥ 실행 과정에서 만나는 실패나 시행착오도 결국 "무엇을 얻었는가"라는 관점에서 보면 유의미한 학습이 됩니다.

⑦ 구성원들을 가능한 다양한 의사결정 과정에 참여하게 하면, 그들은 전체 사업 구조와 흐름을 이해하게 될 것입니다.

⑧ 실행을 통해 축적된 노하우가 회사의 경쟁력으로 이어지고, 구성원들은 '일하면서 배우는 즐거움'을 체감하게 됩니다.

12

작고 빈번한 감사가
크고 대단한 감사보다 낫습니다.
행복은 강도보다 빈도이기 때문입니다.
또한 '잘했어'보다 '고마워'가 훨씬 낫습니다.

① 쉽게 감사하고 쉽게 감사를 받는 문화가 조직의 협업과 주도성을 증가시킵니다.
② "잘했습니다"라는 평가적 감사보다는 일의 영향을 말 해 주는 "고맙습니다"라고 말 해주는 것이 더 낫습니다.
③ 단순하고 당연해 보이는 일에 '해 줘서 고맙습니다.'라고 말 해 주는 것이 기본입니다. 프로젝트를 마치고 서로의 기여를 인정해 주는 간단한 '감사톡'을 해 주는 것이 좋습니다.
④ 서로 고마움을 표현하는 것은 상대에 대한 적의가 없다는 뜻이고, 그런 조직이 위기 상황에서 기회를 발견하고 우호적으로 협력합니다.
⑤ 경영진이 먼저 직원동료들에게 감사할 일들을 찾아내야 합니다. 관찰하지 않으면 잘 보이지 않습니다.

⑥ 신입사원이었을 때, 회사가 어려웠을 때, 팀이 위기에 처했을 때를 기억해보면 지금의 당연한 일에 감사하기 쉬워집니다.

⑦ "내가 무언가 공헌했을 때, 이 회사는 고마움을 잊지 않는다"는 확신은 직원들의 동기를 장기간 유지시켜 줍니다.

⑧ 작은 성과에도 주기적으로 칭찬과 감사를 표하면, 팀원들은 자신들의 역할을 더욱 의미 있게 받아들입니다.

⑨ 공식적인 제도(예: 감사 카드, 감사 게시판 등)와 연결해도 좋지만, 더 중요한 것은 꾸준함과 진정성입니다. 중단되었던 프로그램이나 활동이 있다면 다시 시작하면 됩니다.

⑩ 감사가 일상화되면, 갈등 상황에서도 대화의 톤이 좋아지고, 문제 해결 능력도 향상됩니다. 감사의 선순환 구조가 형성된 조직은 구성원 유대감이 깊고, 이직률이 현저히 낮아진다는 것이 감사경영운동의 수십년의 열매입니다.

13

진정한 리더십은
상대를 성공시켜 주는 것입니다.
리더는 구성원이 자신이 있어야 할 곳으로
이동시켜 주는 사람입니다.
사람들은 그런 사람을 따르며
권위를 부여합니다.

① 권위는 직급이나 명함에 적힌 타이틀로 생기는 것이 아니라, 구성원들에게서 자연스럽게 우러나는 존경에서 비롯됩니다.
② 부하 직원을 단순히 지시와 통제로 다루는 리더십은 오래 가지 못하고, 불필요한 갈등과 저항을 일으킵니다.
③ 구성원이 성장하거나 성과를 내는 과정을 적극 지원해 주는 리더가 있다면, 그 리더는 '믿고 따를 만한 사람'으로 인정받습니다.
④ 팀원이 주도하는 프로젝트에 권한을 부여하고, 필요한 자원을 적시에 지원하면서도 제대로 된 피드백을 제공한다면, 팀원은 자신의 역량을 온전히 발휘할 수 있게 됩니다.

⑤ 경영자가 '너는 더 중요한 가치를 창출하는 사람이 될 것을 믿는다.'는 메시지를 지속적으로 전달하면, 직원들은 보다 의미있는 도전의 영역으로 나아갈 것입니다.

⑥ 직원이 좋은 아이디어를 내면, 회사의 공로를 그 직원과 공유하고, 실패하면 함께 책임지는 노력이 심리적 확장성을 갖고 조직에 경험 자산이 쌓입니다.

⑦ 권위적인 리더를 겉으로는 따르는 것처럼 보여도, 마음으로부터 존경하지 않으면 진정한 몰입이 일어나지 않습니다.

⑧ 상대방의 성장을 지원할 때, 그 사람이 반드시 보답하려는 심리가 작동해 상호 신뢰가 견고해집니다.

⑨ "상대를 성공시키겠다"는 태도가 곧 리더 자신을 인정받게 만드는 지름길입니다.

⑩ 사람이 곧 기업의 가장 중요한 자산이므로, 이를 잘 이끌어가는 리더의 권위는 강하고도 오랫동안 유지됩니다.

14

기업의 궁극적 목적은 고객 가치 창출이고,
구성원의 성장은 그 전제조건입니다.
그리고 그 결과로 기업은 이윤을 얻고
개인은 보상을 얻습니다.

① 기업의 존재 목적은 고객가치를 창출하는 것입니다. 그러나 그것을 위해서는 조직의 지속가능한 생산성 구조를 만들어야만 가능한 것입니다.

② 기업은 지극한 고객가치를 추구하는 것과 직원의 성장, 그리고 협력사와 사회의 공감을 정렬시키는 것입니다. 이 한방향 정렬이 상호 반대되지 않는다고 믿고, 통합하는 것이 존재 방식입니다.

③ 직원은 회사의 목표 달성 과정에서 자기 역량을 키우고, 회사는 그 인재를 통해 고객 만족을 창조하는 것입니다.

④ 언제나 상호 원윈을 추구하지 않으면 결국 패패의 결과를 얻게 됩니다. 개인만 잘 되고 조직은 침체되는 환경, 혹은 조직만 이익을 얻고 개인은 소외되는 환경은 장기적으로 균형이 깨집니다.

⑤ 조직에는 분위기가 있습니다. 현실적으로 어려운 시장 상황을 감안하더라도, 모두가 발전하기 위해 노력하는 분위기가 형성되면 근본적인 혁신이 가능해집니다.

⑥ 커뮤니케이션 경로가 짧은 조직에서는 특히 소수의 의지와 노력으로 작은 스노우볼을 만들면 아주 빠르게 분위기는 확산합니다.

⑦ 협업 프로젝트나 TF, 사내 스터디 그룹, 애자일팀 등을 통해 서로의 전문 영역을 공유하고 시너지를 느끼도록 시도 해 보십시오.

⑧ 함께 성장하려면 서로에 대한 관심과 지지가 필요합니다. 각자 맡은 업무만 고집하면 한계가 분명해집니다. "당신의 성공이 곧 우리의 성공"이라는 관점이 공유되어야 합니다.

⑨ 모두가 이 과정을 통해 성장한다는 믿음이 있을 때, 기업은 예측 불가능한 위기 속에서도 유연하게 대응할 힘을 갖게 됩니다.

15

냉철한 현실에 뿌리박은 긍정성은 지속하는 힘을 줍니다.
근거없는 낙관주의와 부정적인 비관론은 냉철한 긍정주의를 통해 이겨 낼 수 있습니다.

① 기업 운영에서 가장 위험한 것은 안정적 상황에 만족하고 새로운 시도를 하지 않는 것입니다.

② 긍정적 태도는 막연한 낙관이 아니라 현실에 대한 정확한 노출과 새로운 가능성에 대한 도전을 포함하는 거십니다.

③ 빠른 실행력은 완벽한 준비에서 오는 것이 아니라 가설을 수립하고 실행을 통해서 개선한다는 실행중심 마인드에서 옵니다. 긍정 마인드만으로 충분하지 않고, 구체적인 실행 계획과 성실한 실행이 뒤따라야 합니다.

④ 실패하면 빠른 피드백과 수정 과정을 거쳐 재도전하는 'Learning by Doing' 방식이 중요합니다. 경영자는 일관된 메시지와 구성원들과 동행하는 노력이 필요합니다.

⑤ 조직의 변화는 상명하복의 지휘명령이 아니라 구성원들이 새로운 도전을 하고 작은 실패를 권하는 문화에서 옵니다. 구성원들의 의견과 제안을 실제 추진으로 연결해주는 개방적 리더십도 필요합니다.

⑥ 고객관련 시도가 어렵다면 사내 문화의 작은 행사나 일정을 새롭게 시도해보는 것부터 시작 해 보는 것이 좋습니다. 긍정적인 환경에서 시도되는 프로젝트는 구성원들이 열정적으로 참여하게 되며, 예측치 못한 좋은 결과물도 많이 나옵니다.

⑦ 긍정적 관점과 빠른 실행력이 결합된 조직은 변동성이 큰 시장에서도 생존을 넘어, 새로운 기회를 창출할 수 있습니다.

16

구성원의 비전 피로증은
그것을 달성하지 못하는 데서 오는 것이 아니라
리더들의 헌신이 없을 때 생겨납니다.
길이 험할수록 선두에서 이끌고 있는 리더의
헌신이 구성원을 도전으로 이끕니다.

① 강력한 비전은 리더들의 헌신과 몰입으로 구체화 됩니다. 리더들의 헌신이 없는 비전은 공허한 외침이자 구성원들의 피로감만 증가시킵니다.
② 리더들이 헌신만 하는 것이 아니라 구성원들이 그 비전을 향한 헌신에 동참하도록 소통해야 합니다.
③ 비전 공유는 회사가 추구하는 목표와 방향을 명확히 설정해, 구성원이 동기부여될 수 있게 해줍니다.
④ 소통 없이 섬김을 강조하면, 의도와 행동이 어긋나 오해가 생길 수 있습니다.

⑤ 섬김 없이 비전만 강조하면, 구성원들은 '이건 나에게 부담만 주는 구호'로 여기기 쉽습니다.

⑥ 비전 없이 소통만 하게 되면, '우리는 대체 어디로 가고 있는가?'라는 회의감이 조성될 수 있습니다.

⑦ 구성원이 "우리 회사가 왜 이런 일을 하고, 내 역할은 어디에 있으며, 필요한 지원이 무엇인지"를 정확히 알게 해 주는 것입니다.

⑧ 소통과 섬김에 기반해 비전을 공유하면, 외부 변화와 위기에도 흔들림 없이 대응할 수 있는 조직력을 갖추게 됩니다. 세 가지가 유기적으로 결합될 때, 조직은 단발적인 성과가 아니라 '지속 성장'이 가능한 엔진을 갖추게 됩니다.

17

질문은 겸손한 이의 것입니다.
지적 목마름과 호기심이 있는 사람은
모른다는 것을 받아들이고,
그런 사람이 발전합니다.

① 조직에서 리더가 '그거 내가 해 봐서 아는데…'라고 하는 순간 혁신은 사라지고 새로운 시도가 없는 조직이 되어 버립니다.
② 겸손은 곧 '내가 틀릴 수 있다', '더 배울 것이 많다'라는 인식을 기반으로 합니다.
③ 개발, 영업, 생산 등 다른 부서를 통해서 배우고, 다른 회사를 통해서 배우고, 고객을 통해서 배우는 것입니다.
④ 리더가 동료 직원에게도 의견을 구하고 그들의 새로운 관점을 구하는 것은 실력이 없어서가 아니라 보다 현실에 적합한 의사결정을 하기 위해서입니다. 이런 의사결정은 구성원들의 신뢰를 높여 줍니다.
⑤ 질문은 겸손한 사람의 것입니다. 수줍음과 중립은 적당주의와 소극주의로 연결될 수 있습니다.

⑥ 잘못된 결정을 한 번 내렸더라도, 겸손히 인정하고 수정하려는 자세가 있으면 오히려 직원들이 그를 신뢰할 것입니다.

⑦ "우리한테 맞는 방식이 아니었네"라고 빠르게 인정하고 방향을 재설정하는 것이 기업의 민첩성을 강화합니다.

⑧ 리더가 배우려 하지 않고 모든 것은 안다고 하는 태도는 구성원들의 문제 제기를 제한하고 변화의 흐름을 놓치고 문제를 고착화시키기 쉽습니다.

⑨ 겸손한 경영진은 신입사원부터 임원까지 모든 계층이 지닌 역량을 최대치로 끌어올릴 수 있습니다. '끊임없이 배우고 개선하는 학습 문화'를 형성하는 기폭제가 됩니다.

⑩ 겸손이 깔린 문화는 경쟁이 아니라 상호 발전을 추구하여, 서로 배우는 시너지를 만들어 가게 됩니다.

18

자신보다 나은 사람을 발굴하고, 적합한 인재를 진심으로 환영하고, 성공을 지원하는 것이 리더십입니다.

① 인재 채용은 시작에 불과합니다. 중요한 것은 새로 들어온 인재가 조직에서 역량을 펼치고 유지되도록 돕는 일입니다.

② 첫 출근 환영 인사, 간단한 멘토링 제도 등 소소해 보이는 준비가 유능한 인재의 이탈을 예방합니다.

③ 온보딩 과정을 체계화하여, 회사의 비전·가치·프로세스를 단계적으로 익히게 하는 것이 좋습니다.

④ 중소기업은 조직 구조가 단순하기에, 의지만 있으면 인재 지원을 개인 맞춤형으로 제공하기가 유리합니다.

⑤ 예를 들어, 마케팅 역량이 강한 신입에게 관련 교육 기회를 열어주고, 관련 부서 협업을 유도하는 방식으로 빠른 성장을 지원할 수 있습니다.

⑥ "우리는 당신이 필요하고, 더 큰 성장을 할 수 있도록 적극 지원하겠다"는 메시지가 핵심입니다.

⑦ 이런 진심 어린 환대는 "이 회사는 나를 소중히 여긴다"라는 안정감을 주어, 장기 근속으로 이어지는 경향이 높습니다.

⑧ 적절한 멘토나 부서 배치가 없으면, 초기 혼란과 업무 스트레스로 금세 실망할 수 있으니 특히 유의해야 합니다.

⑨ 인사팀뿐 아니라, 경영진도 직접 신규 입사자들과 접점을 갖고 애로사항을 확인하면 지원 효율이 극대화됩니다.

⑩ 결국 인재가 성공적으로 정착해야 회사 역시 전문성을 확보하고, 성장 동력을 얻을 수 있습니다.

19

상대방을 관찰해야 보입니다.
내가 생각하는 것을 주는 것이 아니라
상대가 필요로 하는 것을 주는 것이
섬김입니다.

① 섬김은 단순히 호의를 베푸는 것이 아니라, 상대가 무엇을 원하는지, 어떤 문제를 겪고 있는지를 구체적으로 파악하는 데서 출발합니다.

② 협력사가 기술적인 어려움을 겪고 있다면, 가능하다면 개발팀을 파견하거나 기술 공유를 통해 함께 해결책을 마련할 수도 있습니다.

③ 상대가 진정으로 원하는 것을 채워줄 때, 단순 비즈니스 관계를 넘는 신뢰와 유대감이 형성됩니다.

④ 섬김은 "나도, 너도 함께 성장해야 한다"는 상생 개념을 전제로 합니다.

⑤ 여유가 없어 보이더라도, 협력적으로 접근하면 한계를 극복할 수 있는 새로운 길이 열릴 때가 많습니다. 납품업체가 자금 유동성에 어려움을 겪는다면, 결제주기를 조정해주거나 공동 프로모션을 기획해볼 수도 있습니다.

⑥ 일하는 과정에서 성장을 지원하고 협력하는 것이 "우리 회사는 단순히 이익만 추구하는 곳이 아니다"라는 것을 증명합니다.
⑦ 결국 진정한 섬김은 조직 내부와 외부 모두를 동시에 견고하게 만들어, 기업 전체의 지속 성장을 이끕니다.

20

조직의 안정성은 모두가 합의한
'원칙'을 지킬 때 확보됩니다.
상황에 따라 달라지는 리더의 판단은
구성원을 위축시키고
두려움으로 몰아넣습니다.
예측 가능한 조직에서 구성원은
주도적이 됩니다.

① 한방향으로 정렬된 변화 비전이 있어야 불투명하거나 즉흥적인 방식으로 운영되는 기업이 되지 않을 수 있습니다.

② 조직의 원칙은 인사, 재무, 생산, 영업 등 다양한 영역에서 '우리 회사는 어떻게 행동해야 한다'는 기준을 제시하고 장기적인 예측가능성을 보장합니다.

③ 대기업스러운 규정을 지향하기 보다는 윤리, 안전, 품질 등 원칙과 경쟁력 관점의 요소들부터 한 장씩 추가해 가는 명확한 지침을 마련해 보세요.

④ 일하는 방식이나 인사 규정 등의 주요 항목을 투명하게 공개하고, 누구나 공정하게 적용 받는다는 신뢰가 있어야 합니다.

⑤ 원칙이 흔들리는 순간, 직원들은 "이 회사는 상황 따라 말이 바뀌는구나"라며 사기에 금이 갈 수 있습니다.

⑥ 중소기업은 오너 경영자가 절대적 영향력을 행사하는 경우가 많아, 경영자가 솔선하여 원칙을 지켜주는 것이 중요합니다.

⑦ 부서 간 갈등이 생길 때도, 서로 합의한 원칙을 재확인하면 감정 대립을 넘어 합리적 해결책을 찾기 쉽고, 조직의 성장 속도가 빨라지거나 사업 분야가 확장될수록, 원칙이 더욱 필요합니다.

⑧ 기존 원칙이 현실과 맞지 않는다면, 구성원들의 의견을 모아 개정하되, 바꿨다면 모두가 고루 지키도록 해야 합니다.

⑨ 원칙은 회사의 '헌법'과도 같으므로, 지속적 유지와 관리를 통해 구성원들에게 신뢰를 주는 것이 핵심입니다.

21

모든 조직은 병원, 학교, 군대의 역할이
모두 필요합니다.
치료와 학습, 그리고 도전이 공존하는
조직이 건강합니다.
리더는 구성원들을 개별적으로 보고
필요를 살펴서
의사, 교사, 지휘관의 역할을
수행하는 사람입니다.

① 회사는 단순히 일만 하는 곳이 아니라, 구성원이 지치거나 힘들 때 회복할 수 있는 장치가 있어야 합니다.
② 예컨대 상담 창구나 내부 코칭 시스템을 두고, 직원들이 정신적·육체적 스트레스를 풀 수 있도록 도울 수 있습니다.
③ 내부를 안정시키는 이유는 '조직의 에너지를 안정적으로 축적'하여, 외부 시장으로 나아갈 때 강한 추진력을 얻기 위함입니다.
④ 대외적으로는 "우리 회사는 이 분야에서 어떤 가치를 창출하며, 고객과 사회에 무엇을 기여할 것인가?"라는 사명감을 구체화해야 합니다.

⑤ 단순 매출 목표 대신 '고객에게 더 편리한 제품을 제공하겠다', '지역사회와 함께 성장하겠다' 같은 취지가 있다면, 직원들의 몰입도도 높아집니다.
⑥ 지나치게 내부 치유만 강조하면, 조직이 자기 보호적 성향으로 흐를 수 있으므로, 동시에 도전 과제와 비전을 명확히 제시하는 것이 좋습니다.
⑦ 사명감 있는 기업은 위기에서도 "왜 이 길을 가야 하는지"를 분명히 알고 있어, 쉽게 흔들리지 않습니다.
⑧ 한국 중소기업은 내부 직원 수가 적으니, 조금만 체계적인 회복·지원 프로그램을 가동해도 만족도가 크게 오를 수 있습니다.
⑨ 내부 케어가 잘 이뤄지면, 구성원들은 대외 업무에서도 더 높은 자신감과 집중력을 발휘합니다.
⑩ 결국 내부 안정과 외부 지향의 균형이 회사 전체를 건강하게 유지하며, 장기적 경쟁력을 만드는 기반이 됩니다.

| 에필로그 |

이제 세상을 향해 힘차게 나아가겠습니다.

각자 맡은 일에 사랑으로 최선을 다하십시오. 탁월함과 성실함으로 고객과 동료의 성공을 진심으로 도와주십시오.
선한 가치를 지키는데 용기를 잃지 말고, 어려운 상황 속에서도 냉철한 판단과 따뜻한 마음을 가지십시오. 당신을 따르는 이들이 자신의 강점을 마음껏 발휘하고 성장하도록 기회를 열어 주십시오.
함께하는 모든 이들을 존중하며, 그들의 꿈을 진심으로 응원해주십시오. 모든 결정을 사랑으로 내리고 실패의 과정 속에서도 새로운 가능성을 발견하는 희망을 잃지 마십시오. 열린 마음으로 배우고 실천하며 매 순간 감사하는 마음으로 긍정적인 변화를 만들어 가십시오.
사랑의 힘은 우리를 항상 도와줄 것입니다.

BUSINESS Is LOVE